NEW 일본어능력시험 답다!

이종권 저

N3 언어지식 (문자·어휘)

사람in

머리말

　새롭게 개정된 NEW(신) 일본어능력시험의 개정 포인트를 이해하고 공부한다면, 수험생 여러분은 이미 합격고지의 절반은 오른 셈입니다. 개정된 주요한 포인트인 **[과제 수행을 위한 언어커뮤니케이션능력]**이란, 우리들이 생활 속에서 부딪히는 여러 과제에 대해 그 해결방법을 찾는 것이라고 해도 과언이 아닙니다. 과거의 암기 이해에 의존하는 그런 시험이 아님을 꼭 알아 두셔야 할 것입니다. 새로운 시험은 기존의 암기 이해는 물론이고, 어떤 일을 판단하고 수행하는데 필요한 일본어 실력을 측정하는 시험입니다.

　NEW(신) 일본어능력시험에서는 언어지식(문자 · 어휘 · 문법)을 바탕으로 독해와 청해 과제를 수행하는 능력을 측정하는 시험이므로, **언어지식을 공부한 후에 독해, 청해 순**으로 공부를 해가는 것이 효율적이라 하겠습니다. 물론 청해의 기본인 귀가 열려 있는 단계가 아니라면, 청해 연습을 꾸준히 언어지식 공부와 병행해야 합니다.

　NEW(신) 일본어능력시험에서는 합격을 위한 기준 점수가 제시되지 않았지만, 과거와 달리 **영역별 과락제도**가 도입되므로 전체적인 균형을 유지하는 학습방법이 요구됩니다. 어느 한 영역으로 치우치는 학습방법은 바람직하지 않습니다.

　본서는 개정된 **NEW(신) 일본어능력시험에 맞추어 새롭게 집필**되었고, 새로운 유형을 최대한 이해하기 쉽게, 또한 많은 문제를 다루었습니다. **모의고사도 3회**로 다양한 문제를 수록했습니다. 본서에 수록된 많은 문제들을 풀어보고, 모르거나 자신이 틀린 문제들은 꼭 다시 공부해서 고득점으로 합격하시기를 기원합니다.

　공부하다가 모르는 것이나 궁금한 사항이 있으시면 언제든지 제가 운영하는 다음 카페(http://cafe.daum.net/jlpt)나 http://www.ejujlpt.com 으로 문의 주세요. ^^ 시험에 대한 다양한 정보도 여기서 찾아볼 수 있습니다.

　시험문제 출제와 자료 정리에 온 힘을 써준 이종권일본어학원 Japanese Test R&D Center 연구원들에게 감사를 표합니다. 또한 멋진 교재가 나올 수 있도록 모든 노력을 아끼지 않고 도와주신 사람in 박효상 사장님과 편집부 직원들에게도 많은 감사드립니다.

NEW(신) 일본어능력시험 N3 수험생들의 **고득점 합격**을 기원하면서

저자 이종권

목차

‘일본어 능력시험’은 단순히 일본어 실력만을 묻는 시험이 아니라, 실제로 사용할 수 있는 일본어 실력을 갖추고 있는가를 중시하는 시험으로, 일본어의 문자·어휘·문법의 언어지식뿐만 아니라, 그 지식을 토대로 커뮤니케이션을 원활하게 할 수 있는가를 판가름하는 시험이다.

● 실질적인 일본어 사용에 중점을 둔 만큼 ‘독해’와 ‘청해’의 비중이 높다.

● 시험은 7월과 12월(연 2회)에 실시된다.

1. 급수별 차이 이해하기

일본어 능력시험은 1급에서 5급까지의 5단계로 이루어진다.

다음은 급수별로 일본어 능력시험에 합격했을 때 인정되는 사항으로, 학습자는 다음의 사항을 참고로 시험의 급수를 정해 시험에 응할 수 있다.

급수	급수 취득 시 인정되는 사항
N1	여러 방면에서 사용되는 일본어를 이해·사용할 수 있다.
N2	일상적인 일본어 사용이 가능하고, 좀 더 넓은 방면에서 사용되는 일본어를 어느 정도 사용할 수 있다.
N3	**일상적인 일본어를 어느 정도 사용할 수 있다.**
N4	기본적인 일본어를 사용할 수 있다.
N5	기본적인 일본어를 어느 정도 사용할 수 있다.

급수	시험 과목 (시험 시간)		청해
N1	언어지식(문자 · 어휘 · 문법) · 독해 110분		청해 60분
N2	언어지식(문자 · 어휘 · 문법) · 독해 105분		청해 50분
N3	언어지식(문자 · 어휘) 30분	언어지식(문법) · 독해 70분	청해 40분
N4	언어지식(문자 · 어휘) 30분	언어지식(문법) · 독해 60분	청해 35분
N5	언어지식(문자 · 어휘) 25분	언어지식(문법) · 독해 50분	청해 30분

급수	배점 구분		만점
N1	언어지식(문자 · 어휘 · 문법)	60	180
	독해	60	
	청해	60	
N2	언어지식(문자 · 어휘 · 문법)	60	180
	독해	60	
	청해	60	
N3	언어지식(문자 · 어휘 · 문법)	60	180
	독해	60	
	청해	60	
N4	언어지식(문자 · 어휘 · 문법) · 독해	120	180
	청해	60	
N5	언어지식(문자 · 어휘 · 문법) · 독해	120	180
	청해	60	

합격은 전체 점수의 총점만으로 결정되는 것이 아니라, 각 과목당 설정된 기준점 이상을 획득했는가에 의해 결정된다. 모든 과목에서 기준점 이상을 획득해야 합격을 할 수 있으므로, 한 과목이라도 기준점에 미달되었을 시에는 불합격 처리된다.

일본어 능력시험 N3 문제 유형 총정리

시험 과목 (시험시간)	문제유형		유형 설명	문항수	문제 풀이 소요 시간
언어 지식 (문자 · 어휘) (30분)	問題1	한자읽기	문장에서 밑줄 친 부분의 한자의 読み方를 찾는 문제	8	30분 내에 문제를 해결한다.
	問題2	한자표기	히라나가로 쓰여 있는 어휘의 한자를 찾는 문제	6	
	問題3	문맥규정	문장의 문맥에 맞게 괄호 안에 들어갈 가장 알맞은 어휘를 찾는 문제	11	
	問題4	유의어 표현	문장에서 밑줄 친 어휘와 가장 가까운 표현을 찾는 문제	5	
	問題5	용법	주어진 어휘가 가장 알맞게 사용된 문장을 찾는 문제	5	
언어 지식 (문법) · 독해 (70분)	問題1	문법형식 판단	괄호 안에 들어갈 가장 알맞는 문법적 기능어를 찾아 문장을 완성하는 문제	13	70분 중 20분 내에 문제를 해결한다.
	問題2	문장 조합	선택지로 주어진 1~4의 어휘를 나열하여 문장을 완성한 후, ★ 표시가 된 부분에 들어갈 표현을 찾는 문제	5	
	問題3	문장 속 문법	글을 읽고 빈 칸에 들어갈 표현을 찾는 문제	5	
	問題4	내용이해(단문)	단문을 읽고 푸는 문제	4	70분 중 50분 내에 문제를 해결한다.
	問題5	내용이해(중문)	중문을 읽고 푸는 문제	6	
	問題6	내용이해(장문)	장문을 읽고 푸는 문제	4	
	問題7	정보 검색	공고, 팸플릿, 정보지 등의 글을 읽고 정보를 찾는 문제	2	
청해 (40분)	問題1	과제 이해	구체적인 과제 해결에 필요한 정보를 듣고, 다음에 일어날 사항을 묻는 문제	6	청해는 문제 유형별로 주어지는 시간에 차이가 있으므로, 먼저 문제 유형을 확실하게 파악한 후, 문제 유형에 익숙해지는 것이 중요하다.
	問題2	포인트 이해	대화 혹은 한 사람의 이야기를 듣고, 내용의 포인트를 파악하는 문제	6	
	問題3	개요 이해	내용의 전체를 듣고 화자의 의도 및 주장 등을 파악하는 문제	3	
	問題4	발화 표현	그림을 보며 상황설명을 듣고, 적절한 발화를 선택하는 문제	4	
	問題5	즉시 응답	짧은 글 또는 대화문을 듣고 적절한 응답을 찾는 문제	9	

언어지식(문자 · 어휘)

	시험 과목	시험 시간
1교시	문자 · 어휘	30분

	문제유형		유형 설명	문항수
問題 1	한자읽기		문장에서 밑줄 친 부분의 한자의 読み方를 찾는 문제	8
問題 2	한자표기		히라가나로 쓰여 있는 어휘의 한자를 찾는 문제	6
問題 3	문맥규정		문장의 문맥에 맞게 괄호 안에 들어갈 가장 알맞은 어휘를 찾는 문제	11
問題 4	유의어 표현		문장에서 밑줄 친 어휘와 가장 가까운 표현을 찾는 문제	5
問題 5	용법		주어진 어휘가 가장 알맞게 사용된 문장을 찾는 문제	5

文字・語彙

'문자 · 어휘'는 시험에서 차지하는 실제적인 비중은 낮은데 비해, 공부해야 하는 범위는 명사, 동사, 이형용사, な형용사, 동사, 복합동사, 부사 등 매우 광범위하다. 하지만, '문자 · 어휘'는 다른 분야 (문법 · 독해 · 청해)를 풀기 위한 가장 기본이 되는 분야인 만큼, 학습에 소홀함이 없어야 한다. '문자 · 어휘'는 5가지 문제 유형에 총 35문제가 출제되는데, 학습한 만큼 그대로 성과가 나오는 분야인 만큼 만점을 목표로 해야 할 것이다.

그럼, '문자 · 어휘'의 5가지 유형을 하나씩 알아보도록 하자.

問題1 한자읽기

問題1 _______ のことばの読み方として最もよいものを、 1 ・ 2 ・ 3 ・ 4から 一つえらびなさい。

1 ピアノを運んでもらうのに、お金がかかると言われた。

1 むす　　　　2 まな　　　　3 あそ　　　　4 はこ

정답은 4번 「運(はこ)んで 운반해」이다.

'한자읽기' 문제는 위와 같이 하나의 문장에서 밑줄 쳐진 한자의 읽는 법(読み方)을 찾는 문제로, 8문제가 출제된다. 공부 방법은 다양하게 많은 문장을 접하면서, 한국인들이 틀리기 쉬운 장음과 탁음에 특히 신경을 써서 준비하는 것이다.

> **Tip** 한자의 한국어 발음의 받침에 'ㅇ'이 붙는 경우, 무조건 장음이 되는 것에 신경을 쓴다면 쉽게 문제를 풀 수 있다.
>
> **예** 灯台 등대 → とうだい　常識 상식 → じょうしき
> **예외** 登山 등산 → とざん

問題2 ________のことばを漢字で書くとき、最もよいものを、1・2・3・4
から一つえらびなさい。

1 友達から手紙をもらったので、へんじを書こうと思う。

1 返事   2 阪車   3 反東   4 変事

정답은 1번 「返事 _{답장}」이다.
'한자표기' 문제는 위와 같이 하나의 문장에서 밑줄 쳐진 히라가나에 해당하는 한자를 찾는 문제로, 6
문제 출제된다. '한자표기' 문제는 특정 품사에 치우치지 않고, 모든 품사에서 골고루 출제될 것으로 예
상되므로, 품사별로 꼼꼼하게 학습해야 한다.
학습할 때는 한자의 부수를 꼼꼼하게 체크하며 암기해야 하는데, 그 이유는 제시되는 보기의 한자들이
주로 부수만 다른 비슷한 한자들로 구성되기 때문이다. 그리고 두 자로 이루어진 한자어를 찾는 경우
에는 어느 한 쪽의 한자만 틀리게 하는 함정을 만드는 경우가 많으니, 두 개의 한자 모두가 바르게 쓰
여졌는지 확인해야 한다.

問題3（   ）に入れるのに最もよいものを、1・2・3・4から一つえらび
なさい。

1 彼は（   ）した考えを持っている。

1 いらいら   2 しっかり   3 ゆっくり   4 いよいよ

정답은 2번 「しっかり _{제대로}」이다.
'문맥규정' 문제는 문맥에 맞게 들어갈 어휘를 찾는 문제로, 11문제 출제된다. 출제되는 문제의 정답으
로는 한자어로 구성된 어휘가 품사별로 골고루 출제가 될 것으로 예상된다. 그리고 일반적인 명사나
동사 앞에 접두어가 붙어서 의미가 바뀌는 어휘들도 출제될 것으로 보인다. 공부 방법은 어휘는 문장
으로 외우고, 관용구나 자주 쓰이는 어휘는 따로 정리해 외우는 것이다.

問題4 ________ に意味が最も近いものを、１・２・３・４から一つえらび なさい。

1 お腹が痛くなった原因は、昨日アイスクリームをたくさん食べたこと だろう。

1 方法　　　　　　2 理由　　　　　　3 意味　　　　　　4 時間

정답은 2번 「理由(りゆう) 이유」이다.

'유의어 표현' 문제는 문장에서 밑줄 쳐진 부분과 비슷한 의미의 어휘를 찾는 문제로, 5문제가 출제된다. 문제를 풀 때 모르는 어휘가 출제되었다면, 선택지 1, 2, 3, 4의 내용을 하나하나 대입해서 문장의 의미가 통하는지를 살펴보자. 공부 방법은 어휘를 사전에서 찾을 때 유의어에 신경을 쓰면서 찾는 것이다. '유의어 표현' 문제의 가장 확실한 대응법은 너무 당연할 수도 있는 방법이겠지만, 다양한 어휘를 많이 공부해두는 것이다.

問題5 つぎのことばの使い方として最もよいものを、一つえらびなさい。

1 まったく

1 彼がどうしておこったのか、まったくわからない。
2 今日はまったく野球をしたい。
3 彼女はお金持ちでまったくな生活をしている。
4 明日にはまったくお電話差し上げます。

정답은 1번이다.

'용법' 문제는 '문자・어휘'의 마지막 문제 유형으로, 주어진 어휘를 가장 잘 사용한 문장을 찾는 문제이며, 5문제 출제된다. 품사별로 골고루 출제될 것으로 예상되며, 풀이방법으로는 일단 문법적으로 접속이 맞는지 틀린지를 확인하는 것이 중요하다. 그리고 의미가 통하는지를 확인한다. 만약 선택지의 문장 중 주어진 어휘보다 다른 어휘가 더 적절하면 그것은 답이 되지 않는다. 공부 방법으로 가장 좋은 방법은 다양한 문장을 많이 접해서 자연스런 일본어를 구사할 수 있도록 하는 것이다. 또한 어휘량이 풍부한 것 또한 중요하기 때문에 어휘량을 늘리는 것이 중요하다. 그리고 많은 문제를 풀어보는 것이다.

문자 · 어휘

01 跡継ぎ (あとつ) (집안의)대를 잇는 일, 상속자

うちの家には跡継ぎがいない。

02 後回し (あとまわ) 뒤로 돌림, 뒤로 미룸

03 油・脂 (あぶら・あぶら) 기름

04 案 (あん) 안, 생각

圏 アイデア 아이디어　意見 (いけん) 의견

君の案はいつも面白くていいね。

05 安定 (あんてい) 안정

06 行き・行き (い・ゆ) (목적지로)감, 행함

(접미어적으로 쓰여서) ～행

この電車は東京行きです。

07 育成 (いくせい) 육성

08 意志 (いし) 의지

09 以前 (いぜん) 이전

10 一部 (いちぶ) 일부

一部の地域ではもうすでに販売されている。

11 一昨年・一昨年 (いっさくねん・おととし) 재작년

一昨年の春、大学に入学しました。

12 違反 (いはん) 위반　圏 違法 (いほう) 위법　反則 (はんそく) 반칙

13 衣類 (いるい) 의류

14 印象 (いんしょう) 인상

圏 感じ (かん) 느낌　面影 (おもかげ) 자취, (옛날의)모습

彼女は優しくて上品な印象だ。

15 引用 (いんよう) 인용

16 器 (うつわ) 그릇

17 運 (うん) 운, 운명, 운수

18 応対 (おうたい) 응대

19 お金持ち (かねも) 부자

20 終わり (お) 끝, 마지막, 일생의 최후, 임종

私はいつも授業の終わりにノートをまとめる。

21 課 (か) 과, 교과 내용

質問やお問い合わせは人事課までお願いします。

22 改革 (かいかく) 개혁

23 改正 (かいせい) 개정

地下鉄の料金制度が改正され、少し高くなった。

24 開発 (かいはつ) 개발　圏 発展 (はってん) 발전

私の家の周りはどんどん開発が進んでいる。

25 改良 (かいりょう) 개량　圏 改善 (かいぜん) 개선

| 26 | 香^{かお}り 향기 |

26 香り 향기

27 家具 가구

28 各地 각지

29 加工 가공

30 貸し 빌려 줌

31 果実 과실, 과일
自分で作った果実酒は実においしい。

32 価値 가치, 값어치

33 活気 활기 類 元気 원기, 기운
彼女はいつも活気があって一緒にいると元気が出る。

34 活用 활용

35 可能 가능 類 出来る 할 수 있다, 가능하다

36 神 신

37 過労 과로

38 完成 완성
類 完了 완료 出来上がる 완성되다

39 看病 간병
類 世話 도와줌, 보살핌

40 記憶 기억
私は子どもの頃に入院した記憶がある。

41 格別 각별

42 学歴 학력
学歴が無い人でも出世できます。

43 過程 과정 類 段階 단계 プロセス 과정

44 議会 의회

45 客観 객관

46 処置 처치, 조처, 조치

47 雨具 우비

48 危機 위기

49 議題 의제 類 テーマ 테마

50 許容 허용

51 軽減 경감 類 和らぐ 누그러지다, 완화되다
薬を飲んだので痛みがずいぶん軽減した。

52 決意 결의 類 決心 결심 覚悟 각오

問題1 ＿＿＿＿のことばの読み方として最もよいものを、１・２・３・４から一つえらびなさい。

1 夏になると花火大会が<u>各地</u>で行われる。

1 かっち　　　2 かくじ　　　3 かくぢ　　　4 かくち

2 山の天気は変わりやすいから、<u>雨具</u>を持っていった方がいいよ。

1 あまぐ　　　2 あめぐ　　　3 あまく　　　4 あめく

3 佐々木君は新しく会社に入った人を何でもできる人に<u>育成</u>しようとしている。

1 いくぜい　　　2 いくせい　　　3 せいいく　　　4 いぐせい

4 旅行に行く時は着替えの<u>衣類</u>が必要だ。

1 いるい　　　2 いしゅ　　　3 いろい　　　4 いわい

5 夏のボーナスで新しい<u>家具</u>を買ったが、とても大きくて部屋に入らない。

1 かくう　　　2 かぐ　　　3 がく　　　4 いえぐ

6 日曜日の朝のコーヒーは<u>格別</u>でとてもおいしく感じる。

1 かくへつ　　　2 がくべつ　　　3 かくべつ　　　4 かぐべつ

7 メールを書くときは文章を<u>引用</u>して使うと便利だ。

1 いんよう　　　2 ひくよう　　　3 いんよ　　　4 びきよう

8 <u>以前</u>は毎日のように電話をしていたが、最近はあまり電話をしなくなった。

1 いせん　　　2 にまえ　　　3 ごぜん　　　4 いぜん

問題2 ＿＿＿＿のことばを漢字で書くとき、最もよいものを１・２・３・４から一つえらびなさい。

1 きれいなうつわに料理を盛るとご飯がおいしく感じられる。

 1 闊   2 器   3 品   4 具

2 この石にそんなかちがあったとは知らなかった。

 1 価真   2 勝地   3 西直   4 価値

3 彼は太ってると言うがきゃっかん的にみるとそうでもない。

 1 客観   2 各観   3 各見   4 学館

4 痩せるためにはあぶらの多い食事はやめた方がいい。

 1 申   2 伸   3 油   4 由

5 かこうした食べ物ばかり食べていると体に悪いよ。

 1 下行   2 加工   3 火工   4 化合

6 この前のかしは食事をご馳走してくれたらそれでいいよ。

 1 貨し   2 貸し   3 科し   4 貝し

7 このぐらいのミスならきょようしてあげたらどうだ。

 1 据溶   2 午容   3 許容   4 牛谷

8 うんがよければ明日のコンサートで人気の歌手を見ることができるよ。

 1 連   2 遠   3 道   4 運

1 事故にあったが急いで（　　　）してもらったので大丈夫だった。

1 処置　　　　　2 内緒　　　　　3 全滅　　　　　4 身振り

2 この病院は電話での（　　　）が良くて評判だ。

1 運　　　　　2 遅刻　　　　　3 応対　　　　　4 水分

3 もらった本を始めから（　　　）まで読めばきっと役に立つだろう。

1 支払い　　　　2 深夜　　　　　3 終わり　　　　4 老人

4 私が手伝えばあなたの仕事も少しは（　　　）されるんじゃない？

1 公衆　　　　　2 軽減　　　　　3 座布団　　　　4 輸血

5 私は（　　　）が弱くてなかなか勉強に集中できません。

1 中年　　　　　2 存在　　　　　3 価値　　　　　4 意志

6 その香水の（　　　）で昔好きだった人を思い出した。

1 香り　　　　　2 終わり　　　　3 笑い　　　　　4 気持ち

7 分からない土地に行く時は旅行雑誌を（　　　）すると便利だ。

1 違反　　　　　2 活用　　　　　3 希望　　　　　4 活動

8 試験に合格するかどうかは（　　　）だけが知っている。

1 座布団　　　　2 神　　　　　　3 油　　　　　　4 器

問題4 ＿＿＿＿＿に意味が最も近いものを、１・２・３・４から一つえらびなさい。

1 次の英語の試験で満点を取ると<u>決心</u>した。

　1 実行　　　　　2 行動　　　　　3 確認　　　　4 決意

2 この企画書(きかく)はもう少し<u>改善</u>できるだろう。

　1 解消　　　　　2 改良　　　　　3 完了　　　　4 記憶

3 どんな事でも結果(けっか)よりその<u>段階</u>が大事だと習いました。

　1 過程　　　　　2 過去　　　　　3 能力　　　　4 価格

4 私は長い間、通訳(つうやく)の仕事をしてきたこともあり、同時通訳(どうじ つうやく)が<u>可能だ</u>。

　1 終わる　　　　2 趣味だ　　　　3 出来る　　　4 香る

5 資料の作成が<u>完了</u>したら一度私に見せてください。

　1 苦心　　　　　2 完成　　　　　3 完全　　　　4 修正

6 この土地(とち)はこれからどんどん<u>開発</u>していく予定だ。

　1 希望　　　　　2 過労　　　　　3 発展　　　　4 発行

7 彼が風邪を引いたので彼の家に行って<u>世話</u>してあげた。

　1 看病　　　　　2 加工　　　　　3 勘弁　　　　4 記録

8 この場所の<u>印象</u>は10年前と変わらない。

　1 体　　　　　　2 器　　　　　　3 幻　　　　　4 面影

1　危機

1　新しい商品を危機するのもあなたの仕事ですよ。

2　ここは危機がたくさんあるから空気がよくて気持ちいいなぁ。

3　田中君は危機管理に優れていると部長からお褒めの言葉をいただいた。

4　来週の月曜日って言ってたのは私の危機違いだったわ。

2　学歴

1　まず先に山の学歴の下にいる人を助けてあげて。

2　学歴が仕事の評価にも関係するなんておかしいと思う。

3　パソコンの学歴から変なページを発見した。

4　相手に年齢を伝える時は学歴でお願いします。

3　安定

1　兄は安定した仕事をしたいと大企業を希望した。

2　家で作ったアイスクリームは安定だからおいしく食べられるよ。

3　彼は本には載っていないお店を安定してくれた。

4　車に乗ったら必ず安定ベルトをしめてね。

01 記者 기자

02 記念 기념

今日は学校の創立記念日だから学校は休みだ。

03 希望 희망

04 旧 구, 옛것

旧校舎は危ないので入らないように。

05 共通 공통

私と彼には共通の友達がいる。

06 曲線 곡선

曲線を手で描こうとするとうまく描けない。

07 記録 기록

次の大会では必ず新記録を出してみせる。

08 苦痛 고통 ⑳ 痛み 아픔

やっと苦痛から解放された。

09 苦心 고심

10 区別 구별 ⑳ 分類 분류

ゴミは缶と瓶を区別して出そう。

11 形式 형식
⑳ 型 형 スタイル 스타일 様式 양식

12 芸能 예능

13 結果 결과

14 決定 결정

15 現在 현재 ⑳ 今 지금

子どもの頃、血を見るのが苦手だった彼が、現在は医者をしている。

16 原産 원산

17 現実 현실

18 原理 원리 ⑳ 法則 법칙 構造 구조

19 幸運 행운

20 効果 효과 ⑳ 働き 작용 結果 결과

ダイエットの効果は1ヶ月後に分かるよ。

21 広告 광고

22 公式 공식

23 公衆 공중

最近の公衆トイレはとても広くて快適だ。

24 構成 구성

25 肯定 긍정 ⑳ 同意 동의

相手の意見を肯定することで新しいアイデアが生まれる。

26 氷 얼음

27 困難 곤란 | 障害 장애 難しい 어렵다

28 最高 최고 | 一流 일류 トップ 톱

29 最終 최종, 맨 마지막

最終電車に乗れなかったのでタクシーで帰った。

30 再生 재생

31 才能 재능 | 能力 능력

32 作成 작성

33 札 표, 지폐

父のお財布には1万円札がたくさん入ってる。

34 座布団 방석

35 参加 참가
| 加入 가입 出場 출장 加わる 늘다

36 賛成 찬성 | 同意 동의 賛同 찬동

37 人材 인재

38 信念 신념

学校経営には強い信念が必要だと父から教わった。

39 全快 전쾌, 완쾌

40 全滅 전멸 | 全敗 전패 絶滅 절멸, 멸종

41 知的 지적

42 重宝 보배, 보물, 소중히 여김, 쓸모가 있어 편리함, 편리하여 유용함

43 血管 혈관

44 欠如 결여 | 不足 부족

彼女は明るい性格だが、優しさが欠如している。

45 原則 원칙

46 原爆 원폭, 원자폭탄

47 志 뜻, 의지

48 個性 개성 | 性格 성격 特徴 특징

私の友達には個性豊かな子が多い。

問題1 ________のことばの読み方として最もよいものを、1・2・3・4から一つえらびなさい。

1 座布団の上に座ると足が痛くないよ。

1 ざぶどん　　　2 さぶだん　　　3 ざぶとん　　　4 さふとん

2 君のような人材が必要だったんだよ、ぜひ我が社に来てくれないかな。

1 しんさい　　　2 しんざい　　　3 じんさい　　　4 じんざい

3 昔は田舎に住んでいたが、現在は都会の中心に住んでいる。

1 けんざい　　　2 けんさい　　　3 げんさい　　　4 げんざい

4 この店では日本原産の牛肉しか使っていません。

1 けんさん　　　2 げんさん　　　3 げんそん　　　4 けんそん

5 志を強く持てば何歳になっても夢を叶えることができます。

1 こころざし　　　2 こごろざし　　　3 こころさし　　　4 ごごろざし

6 彼と私には趣味が同じという共通点がある。

1 きゃうつう　　　2 きょつう　　　3 きょうつう　　　4 　きょうつ

7 この列車が今日の最終列車となります。

1 ざいじゅう　　　2 さいしゅう　　　3 さいしゅ　　　4 さいじゅう

8 彼の希望ばかり聞いていたら予算が足りなくなってしまった。

1 きぼ　　　2 きぼお　　　3 きほう　　　4 きぼう

問題2 ＿＿＿＿のことばを漢字で書くとき、最もよいものを１・２・３・４から
一つえらびなさい。

1 一生遊んで暮らしたいが、<u>げんじつ</u>はそうもいかない。

　　1 現実　　　　　2 睍実　　　　　3 見実　　　　　4 規実

2 前は<u>こうこく</u>会社で働いていたので有名な人に会ったことがある。

　　1 拡告　　　　　2 公国　　　　　3 広告　　　　　4 鉱酷

3 彼女は何でもできるのに責任感だけが<u>けつじょ</u>している。

　　1 欠恕　　　　　2 欠女　　　　　3 欠口　　　　　4 欠如

4 手に入れた<u>こううん</u>を大きく育てるためには、自分を信じて行動する必要
　　がある。

　　1 幸車　　　　　2 幸運　　　　　3 達運　　　　　4 違運

5 梅雨の時期には雨靴があればとても<u>ちょうほう</u>する。

　　1 兆放　　　　　2 動宝　　　　　3 重宝　　　　　4 長方

6 この間受けたテストの<u>けっか</u>はどうだった？

　　1 吉菓　　　　　2 話課　　　　　3 詰果　　　　　4 結果

7 サッカーの代表選手が<u>けってい</u>した。

　　1 夬定　　　　　2 決定　　　　　3 結淀　　　　　4 決埞

8 右田さんに聞けば<u>げいのう</u>情報は何でも分かる。

　　1 云熊　　　　　2 芸能　　　　　3 芸態　　　　　4 宏脳

問題3 （　　　　）に入れるのに最もよいものを、１・２・３・４から一つえらびなさい。

1 彼は背が高くて（　　　　）に見えるが、今まで彼女ができたことがない。

1 満員　　　　　2 虫歯　　　　　3 苦手　　　　　4 知的

2 彼には絵の（　　　　）があるので将来が楽しみだ。

1 賛成　　　　　2 才能　　　　　3 加工　　　　　4 看病

3 運動した（　　　　）が１週間後に現れた。

1 電波　　　　　2 形式　　　　　3 中年　　　　　4 効果

4 来月の半（なか）ばにテニスの（　　　　）試合（しゅつじょう）に出場する予定だ。

1 困難　　　　　2 区別　　　　　3 公式　　　　　4 賛成

5 最近ダイエットを始めたので体重（たいじゅう）を毎日（　　　　）している。

1 参加　　　　　2 決定　　　　　3 記録　　　　　4 肯定

6 この紙は（　　　　）紙を使っています。

1 再生　　　　　2 区別　　　　　3 座布団　　　　　4 作成

7 今週中に報告書を（　　　　）するのは大変だ。

1 参加　　　　　2 作成　　　　　3 才能　　　　　4 作業

8 血を採（と）るために（　　　　）を探しているが、なかなか見つからない。

1 骨　　　　　2 血管　　　　　3 皮膚　　　　　4 指

 ＿＿＿＿＿に意味が最も近いものを、１・２・３・４から一つえらびなさい。

1 彼は外国で音楽の<u>能力</u>を伸ばし、活動しようと考えている。

　　1 破片　　　　2 反映　　　　3 才能　　　　4 通行

2 小さなことでも感動し喜んでくれる、そんな彼女の<u>性格</u>を尊重したい。

　　1 国際　　　　2 選択　　　　3 個性　　　　4 決意

3 すでに<u>絶滅</u>したと言われていた動物の生存が確認されて嬉しく思う。

　　1 全滅　　　　2 全勝　　　　3 全快　　　　4 絶交

4 昨日発売された新しいゲームソフトは品数が少なくて入手が<u>困難</u>だ。

　　1 恥ずかしい　　2 おいしい　　3 忙しい　　　4 難しい

5 私も彼の前向きな意見に<u>賛同</u>した。

　　1 参加　　　　2 賛成　　　　3 最高　　　　4 才能

6 有名なホテルで<u>一流</u>のサービスと美味しい食事を体験してみたい。

　　1 不足　　　　2 失望　　　　3 自然　　　　4 最高

7 作文の<u>スタイル</u>は自由ですが、必ず4枚以上書いて提出してください。

　　1 形式　　　　2 現実　　　　3 計画　　　　4 計算

8 水泳大会に<u>出場</u>するチームはこちらに名前を書いてください。

　　1 合同　　　　2 参加　　　　3 失望　　　　4 出版

問題5 つぎのことばの使い方として最もよいものを、一つえらびなさい。

1 原則

　1　人が多いところでは危ないので原則して走ってください。

　2　彼と一緒に住んでいると家族のような原則をもってしまう。

　3　ここは会社なんだから原則としてネクタイぐらいはしようよ。

　4　明日は原則だからお弁当を持っていかないと。

2 全快

　1　今回は全快よりも新しい機能が増えてとても便利だ。

　2　部屋の窓を全快にしていたのでたくさんの虫が入ってきた。

　3　徹夜したが、次の日は一晩中寝たので体力が全快した。

　4　全快するのはお父さんが来てから言うほうがいい。

3 記者

　1　私の父はなぜか同じ記者を何回も読んでいる。

　2　私の友達は新聞記者で働いている。

　3　今日はちょっと暑いから記者でオレンジジュースでも飲もう。

　4　子どもの頃の夢は記者になることだった。

01 式 식, 의식, (수학·물리학 등의)식

02 時刻 시각, 시간

ただいまの時刻は11時です。

03 事実 사실

（類）実話 실화　本当のこと 사실

04 自信 자신

05 自然 자연

（類）自然に 자연스럽게, 자연히, 저절로

風邪を引いたが、家で寝ていたら自然に治った。

06 実現 실현

07 実行 실행

何でもすぐに実行できる彼の行動力はすごい。

08 実際 실제　（類）現実 현실

09 実施 실시

10 失望 실망

（類）がっかりする 실망하다, 낙담하다
期待はずれ 기대에 어긋남

11 実力 실력

（類）能力 능력　才能 재능

12 支店 지점

この銀行は外国にも支店を置いている。

13 支払い 지불, 지급

14 地面 지면

田舎の道は地面がでこぼこなのでとても運転しにくい。

15 周囲 주위

（類）周り 주위　身近 자기 몸 가까운 곳, 신변

16 重点 중점

（類）ポイント 포인트

17 祝日 경축일

他の国と比べると日本は祝日が多いほうだ。

18 宿泊 숙박

19 出身 출신

私は東京出身だが、高校の時に大阪に引っ越した。

20 順序 순서

（類）順番 순번, 차례　手順 차례, 순서

21 使用 사용

22 賞 상

23 上手 잘함, 능숙함

この前よりもずいぶんと歌が上手になったね。

24 消費（しょうひ） 소비

私の家には消費期限が過ぎた食べ物がいくつかある。

25 情報（じょうほう） 정보　類 知識（ちしき） 지식

26 助手（じょしゅ） 조수

27 書店（しょてん） 서점

私の書いた本が書店で売られている。

28 知らせ（しらせ） 소식, 통지, 징조
　類 通知（つうち） 통지

友達が来年、結婚するという知らせが届いた。

29 知り合い（しりあい） (서로)아는 사이, 지인

30 神経（しんけい） 신경

彼女に会うといつも神経をつかうのでとても疲れる。

31 心身（しんしん） 심신

私は昔から心身ともに丈夫な方だ。

32 深夜（しんや） 심야

深夜のアルバイトは時々眠くなる。

33 親友（しんゆう） 친우, 친구

友達はたくさんいるが、親友と呼べる友達は一人しかいない。

34 水分（すいぶん） 수분

35 全て（すべて） 전부, 전체, 모든 것
　類 全部（ぜんぶ） 전부　全体（ぜんたい） 전체

弟はお菓子を一人で全て食べてしまった。

36 せい 원인, 탓

今回の失敗は君のせいじゃないから気にしないで。

37 請求（せいきゅう） 청구

38 成功（せいこう） 성공

彼女はダイエットに成功して、きれいになった。

39 伝達（でんたつ） 전달

40 同封（どうふう） 동봉

手紙と一緒に写真を同封して送る。

41 内緒（ないしょ） 비밀, 몰래 함

この話は彼には内緒にしておいてね。

42 内心 내심
類 胸中 심중, 속마음　本心 본심
心の中 마음속

彼女はいつも笑顔だが、内心では何を考えているか、よくわからない。

43 雪崩 눈사태

山に行った次の日にその山で雪崩が起こったとニュースで放送された。

44 入浴 입욕

ご飯を食べてすぐに入浴すると消化に悪い。

45 戸籍 호적

46 固定 고정

地震に備えて家具を固定した。

47 個別 개별　類 個々 개개, 각각, 하나하나

みんな同じではなく個別に合う方法で教える。

個別指導の学習塾に通う。

48 再会 재회

49 指図 지시, 지정
類 命令 명령　指示 지시

私は人からああしろ、こうしろと指図を受けるのが好きではない。

50 実 사실, 실질
類 実質 실질

実は最近アルバイトを始めたんだ。

問題1 ＿＿＿＿のことばの読み方として最もよいものを、1・2・3・4から一つえらびなさい。

1 祝日ぐらい家でのんびり過ごしてもいいじゃない。

1　しゅくにち　　　2　しくにち　　　3　しゅくじつ　　　4　ちゅくじつ

2 現金と一緒に手紙も同封していますので一度ご確認ください。

1　どうふう　　　2　とうふう　　　3　どふう　　　4　どぶう

3 インターネットでお菓子を注文したが、写真と実際に届いたものが違った。

1　じつざい　　　2　じっさい　　　3　じつさい　　　4　じっざい

4 近所を歩いていたら突然、昔好きだった人と再会し驚いた。

1　さいかい　　　2　ざいかい　　　3　ざいがい　　　4　さいがい

5 今月の電話代は来月に請求がくる。

1　さいきゅう　　　2　ぜいきゅう　　　3　せいきゅ　　　4　せいきゅう

6 会社には明治大学出身の人が10人もいる。

1　しゅっしん　　　2　しゅつしん　　　3　しゅっじん　　　4　しっしん

7 近所の中華料理のお店は東京にも支店がある。

1　じてん　　　2　してん　　　3　じでん　　　4　しゅってん

8 マッサージを受けると心身ともにリラックスする。

1　しんじん　　　2　じんしん　　　3　しんしん　　　4　じんじん

 ＿＿＿＿＿＿のことばを漢字で書くとき、最もよいものを１・２・３・４から一つえらびなさい。

1 俺の<ruby>おれ</ruby>こせきに入らないかと言われたらどうしよう。

1 戸籍　　　　2 戸棚　　　　3 戸耤　　　　4 戸積

2 しんやにタクシーに乗ったが、思った以上に料金が高かった。

1 真夜　　　　2 探夜　　　　3 寝夜　　　　4 深夜

3 共同のにゅうよく場所では泳いではいけません。

1 人俗　　　　2 入浴　　　　3 人浴　　　　4 入峪

4 夏はいっぱい汗をかくので、すいぶんが必要だ。

1 大分　　　　2 火分　　　　3 水分　　　　4 木分

5 小学生の頃、絵を描いてしょうをもらったことがある。

1 学　　　　2 賞　　　　3 掌　　　　4 員

6 日本の学校の入学しきはちょうど桜が咲く時期だ。

1 式　　　　2 減　　　　3 或　　　　4 弐

7 夢をじつげんさせるためにはもっと努力しなきゃ。

1 害倪　　　　2 寒源　　　　3 美現　　　　4 実現

8 彼は運動しんけいが良くて女の子に人気がある。

1 伸軽　　　　2 神経　　　　3 紳経　　　　4 申径

問題3（　　　）に入れるのに最もよいものを、1・2・3・4から一つえらびなさい。

1 彼女は自分に（　　　）があるようで、将来モデルになりたいと言っている。

1 失望　　　2 支店　　　3 自信　　　4 区別

2 今年の夏旅行はどこに（　　　）しようか。

1 祝日　　　2 宿泊　　　3 真実　　　4 出身

3 先月買った指輪の（　　　）がまだ終わっていない。

1 幸せ　　　2 仕組み　　　3 知り合い　　　4 支払い

4 来週の金曜日に中間テストを（　　　）するので頑張って勉強しましょう。

1 実物　　　2 事実　　　3 結果　　　4 実施

5 分からないところは先生が（　　　）に教えますので、何でも聞いてください。

1 個別　　　2 個室　　　3 個数　　　4 区別

6 彼には（　　　）で友達の飲み会に参加した。

1 内心　　　2 内容　　　3 内緒　　　4 内科

7 教授の（　　　）として教授の研究を手伝う。

1 拍手　　　2 助手　　　3 手作り　　　4 手袋

8 彼女とはまだ1回しか会ったことがないのに昔からの（　　　）のようだ。

1 知り合い　　　2 物知り　　　3 寄り合い　　　4 助け合い

 ＿＿＿＿＿に意味が最も近いものを、１・２・３・４から一つえらびなさい。

1 今話題の映画は実話をもとに作られた作品だと言われている。

  1 実行　　　　　2 実施　　　　　3 地面　　　　　4 事実

2 仕事ができない人がなぜ私に命令するのか理解できない。

  1 輸血　　　　　2 固定　　　　　3 指図　　　　　4 決意

3 この周りには家が一軒もなく、とても静かだ。

  1 周囲　　　　　2 地面　　　　　3 出身　　　　　4 自然

4 テストの結果が悪くて隠していたが、心の中はどきどきした。

  1 神経　　　　　2 内心　　　　　3 両親　　　　　4 心外

5 毎日、水泳の練習をしていたので前よりもずいぶん能力がついた。

  1 神経　　　　　2 実力　　　　　3 両親　　　　　4 心外

6 先生の頭はパソコンのように知識が豊富だ。

  1 地域　　　　　2 成績　　　　　3 情報　　　　　4 責任

7 彼から明日の出張について何か通知がありましたか。

  1 知らせ　　　　2 支払い　　　　3 知り合い　　　4 笑い

8 物事にはなんでも順序ってものがあるでしょ。

  1 勝手　　　　　2 準備　　　　　3 順番　　　　　4 番号

問題5 つぎのことばの使い方として最もよいものを、一つえらびなさい。

1 親友

1 私には辛い時や嬉しい時に何でも話すことができる<u>親友</u>がいる。

2 夏になると<u>親友</u>へ遊びに行くことにしている。

3 新しくできた銀行で<u>親友</u>を借りた。

4 ここから先は<u>親友</u>禁止です。

2 実

1 ほら見て。このパン、<u>実</u>は美味（おい）しそう。

2 満員（まんいん）になりましたので<u>実</u>はお帰りください。

3 <u>実</u>は3時に集合（しゅうごう）してください。

4 友達にはまだ言ってないけれど、<u>実</u>は子どもが二人いるの。

3 伝達

1 友達が付き合っているとっても美人の彼女を<u>伝達</u>した。

2 この荷物を日本から<u>伝達</u>すると何日かかりますか？

3 文化発表会（はっぴょう）の案内を渡しますので、家の人にも必ず<u>伝達</u>してください。

4 外国に行くといろいろな<u>伝達</u>文化が学（まな）べてとても面白い。

01 性質 성질 類 性格 성격

02 成人 성인

03 成績 성적

夏休みの間、頑張って勉強したので成績が伸びた。

04 成長・生長 성장, 생장

05 性別 성별

06 性能 성능 類 能力 능력

最近、高性能冷蔵庫が売り出されたそうだ。

07 生命 생명

新しい生命の誕生に感動した。

08 責任 책임

どんな仕事でも責任を持って最後まで行う。

09 節約 절약 類 倹約 검약, 절약

彼に節約上手な女性だと言われたい。

10 先日 요전, 전번

先日はどうもありがとうございました。

11 先々月 전전달, 지지난달

先々月に引っ越してきたが、近所にまだ挨拶をしていない。

12 全体 전체 類 全般 전반

うちの会社は毎週一回の全体集会がある。

13 宣伝 선전

14 全般 전반 類 全体 전체

15 相当 상당

16 存在 존재

17 題 제목

18 台 대

子どもの頃はよくすべり台で遊んだものだ。

19 体育 체육

20 代表 대표

21 題名 제명, 제목

22 多少 다소

23 妥当 타당

24 旅 여행

25 担当 담당 類 役目 역할, 임무

毎日のうさぎの世話は僕の担当なんだよ。

26	地下 지하

27	遅刻 지각

28	知人 지인

類 知り合い 아는 사람

29	中央 중앙

類 真ん中 한가운데　中心 중심

30	中年 중년

中年太りを防ぐために運動を始めた。

31	通行 통행

32	通知 통지　類 知らせ 소식

33	通路 통로

34	出会い・出合い 우연히 만남, 마주침, 해후

結婚につながる出会いを探す。

35	提案 제안

36	定価 정가

37	展開 전개

38	電波 전파

公共の電波を使って母を探したらすぐに見つかった。

39	念願 염원　類 希望 희망

念願のアメリカ生活が始まった。

40	判定 판정

類 判断 판단　決定 결정

ボクシングの試合が判定になった。

41	比重 비중

今は仕事よりも子育てに比重をおいているので、週に3回だけ働いている。

42	必修 필수

必修科目の授業を受ける。

43	必然 필연

類 確実に 확실히　絶対 절대

彼との出会いは偶然ではなく、必然だったのだ。

44	物議 물의

45 実家 생가, 친가, 친정
㉔ **親元** 부모님 슬하, 부모 곁, 친가

46 実態 실태

47 耳鼻科 이비과

近所の耳鼻科に行くといつも混んでいる。

48 承諾 승낙

彼女の親は彼女の留学をよく承諾してくれたもんだ。

49 出入り 출입, 드나듦

友達が働くお店に毎日のように出入りしていたら店の人と間違えられた。

50 内蔵 내장, 내부에 가지고 있음

問題1 ＿＿＿＿のことばの読み方として最もよいものを、１・２・３・４から一つえらびなさい。

1 海外で買い物した経験はないが、このぐらいの値段なら妥当だ。

1 たとう　　　　2 だどう　　　　3 たどう　　　　4 だとう

2 彼のシュート力が認められ、サッカーの日本代表に選ばれた。

1 だいひょう　　2 たいひょう　　3 たいびょう　　4 だいびょう

3 みなさんの生活の実態調査のため、次の質問に答えてください。

1 じっだい　　　2 しったい　　　3 じったい　　　4 しっだい

4 今思えば彼との出会いは偶然ではなく必然だったと思う。

1 しつぜん　　　2 ひつぜん　　　3 ひっぜん　　　4 ひつぜつ

5 早く起きないと遅刻するわよ。

1 ちこく　　　　2 ちかく　　　　3 ちごく　　　　4 ぢこく

6 私の提案した内容が商品化したのでとても嬉しい気分だ。

1 てあん　　　　2 でいあん　　　3 ていあん　　　4 だいあん

7 子どもの成長がとても早くて驚いてしまった。

1 せちょ　　　　2 せいちょう　　3 せいちょ　　　4 せいじょう

8 先々月は祖父の誕生日だったので、みんなで日本料理を食べに行った。

1 さきさきつき　　2 せんせんがつ　　3 せんせんげつ　　4 さきざきづき

問題2　＿＿＿＿＿のことばを漢字で書くとき、最もよいものを１・２・３・４から一つえらびなさい。

1 あの俳優（はいゆう）は見た感じと違って、失礼な発言が多くぶつぎとなった。

1 物木　　　2 勿議　　　3 物議　　　4 物具

2 最近はHDDをないぞうしたテレビがとても便利で人気（にんき）だ。

1 内蔵　　　2 内臓　　　3 無臓　　　4 想像

3 会社のせんでんのためにこのカメラを使ってみてくれない？

1 先電　　　2 亘伝　　　3 旦佃　　　4 宣伝

4 夏はちかの方が涼しくて気持ちがいいよ。

1 地下　　　2 地価　　　3 池下　　　4 他付

5 1時間目にたいいくがあると、そのあと疲れて眠くなってしまう。

1 体育　　　2 休育　　　3 保育　　　4 成育

6 この前ていかで買った服がいつのまにか安くなっていた。

1 掟化　　　2 淀西　　　3 定価　　　4 提哂

7 昔、一方（いっぽう）つうこうを逆に走ったことがあるが、死ぬほど怖かった。

1 道行　　　2 通行　　　3 遠行　　　4 歩行

8 来月生まれる子どものせいべつがまだ分からないの。

1 生別　　　2 性別　　　3 牲別　　　4 正別

問題3（　　　）に入れるのに最もよいものを、１・２・３・４から一つえらび
なさい。

1 私は小学校で英語の授業を（　　　）している。

　１ 担当　　　　　２ 弁当　　　　　３ 相当　　　　　４ 日当

2 この会社で働く人以外は（　　　）が禁止になっている。

　１ 無意味　　　　２ 電波　　　　　３ 多少　　　　　４ 出入り

3 さっきの試合はビデオ（　　　）となります。

　１ 反則　　　　　２ 判定　　　　　３ 内蔵　　　　　４ 成績

4 お酒は（　　　）になってからじゃないと駄目（だめ）よ。

　１ 成人　　　　　２ 成功　　　　　３ 成績　　　　　４ 水分

5 この曲（きょく）、好きなんだけど、（　　　）を教えてもらってもいいかな。

　１ 電波　　　　　２ 宿題　　　　　３ 題名　　　　　４ 議題

6 会社の地下に非常用の（　　　）があるなんて知らなかった。

　１ 生命　　　　　２ 知人　　　　　３ 通路　　　　　４ 旅

7 困っている私を助（たす）けてくれる彼の（　　　）はとても大きい。

　１ 現在　　　　　２ 存在　　　　　３ 滞在　　　　　４ 在学

8 バスの到着（とうちゃく）時間は交通事情（じじょう）により（　　　）遅れることがあります。

　１ 多少　　　　　２ 非常　　　　　３ 妥当　　　　　４ 全体

1 今日、大学から合格の<u>通知</u>が届いたよ。

1 知らせ　　　2 広さ　　　　3 支払い　　　4 付録

2 明日の朝、退院できるかどうかは先生の<u>判断</u>によります。

1 反則　　　　2 判定　　　　3 反感　　　　4 反省

3 私の娘はおとなしい<u>性質</u>でなかなか友達ができずに悩んでいる。

1 成績　　　　2 性別　　　　3 成功　　　　4 性格

4 ついに<u>希望</u>が叶って自分のお店を開くことができました。

1 入浴　　　　2 念願　　　　3 念仏　　　　4 節約

5 今日から<u>倹約</u>しないと本当にお金が足りないわ。

1 節約　　　　2 宣伝　　　　3 中年　　　　4 宿泊

6 <u>親元</u>を離れて暮らすと親の大切さがよく分かる。

1 戸籍　　　　2 仲人　　　　3 実家　　　　4 成人

7 私の<u>知り合い</u>に可愛い子がいるので紹介してあげるよ。

1 愛人　　　　2 別人　　　　3 法人　　　　4 知人

8 家の<u>真ん中</u>に庭があればどの部屋からでも見ることができる。

1 地面　　　　2 端　　　　　3 点心　　　　4 中央

問題**5** つぎのことばの使い方として最もよいものを、一つえらびなさい。

1 相当

1 たった今彼女と別れたばかりだから相当しておいたほうがいいよ。
2 彼と喧嘩したので相当は帰ってこないと思う。
3 恋をすると女の子は相当になるっていうじゃない。
4 この指輪は100万円相当の物だから無くさないようにね。

2 承諾

1 承諾を連れてきましたので聞きたいことは彼女から聞いてください。
2 今からプールの水を承諾しますので泳ぐことはできません。
3 新しいマンションを建てることに賛成なら、ここに承諾のサインをお願いします。
4 美味しいお菓子を持ってきたから承諾せずにいっぱい食べてよ。

3 必修

1 来週は学校の試験があるので必修に勉強している。
2 今の小学校は英語を必修科目としているようだ。
3 お父さんからお小遣いをもらったことはお母さんには必修にしてあげるよ。
4 来月から寺で必修するからしばらくは会えないね。

01 当然(とうぜん) 당연함

02 得意(とくい) 득의, 만족함, 장기, 가장 잘하는 것

03 努力(どりょく) 노력

努力(どりょく)してかいた汗(あせ)はうそをつかない。

04 内容(ないよう) 내용

05 仲(なか) 사이, 관계

06 等(など) (예시하는 데 쓰는 말) 따위, 등, 등등

解答(かいとう)を書(か)く時(とき)はボールペンや赤(あか)ペン等(など)を使(つか)わないでください。

07 生(なま) 생, 날것, 있는 그대로임, 생생함

08 波(なみ) 파도, 물결, 기복, 흐르듯 움직여 가는 것

私(わたし)は今(いま)、人生(じんせい)の波(なみ)に乗(の)っている。

09 涙(なみだ) 눈물

10 苦手(にがて) 다루기 어려운 상대, 서투름
（類）不得意(ふとくい) 서투름, 능숙하지 못함

11 人気(にんき) 인기

12 年代(ねんだい) 연대

インターネットの利用者(りようしゃ)を年代(ねんだい)別(べつ)に見(み)ると20代(だい)が一番多(いちばんおお)い。

13 能力(のうりょく) 능력

14 場(ば) 곳, 장소, 때, 경우

ここから船乗(ふなの)り場(ば)まで歩(ある)いて1時(じ)間(かん)はかかるよ。

15 二十歳(はたち) 20세, 스무살

16 破片(はへん) 파편

ガラスの破片(はへん)を片付(かたづ)けていて手(て)を切(き)った。

17 番(ばん) 순번, 망을 봄, 또는 그 사람, 번, 번호,

18 反映(はんえい) 반영

新(あたら)しい情報(じょうほう)がまだ反映(はんえい)されていない。

19 反省(はんせい) 반성 （類）自覚(じかく)する 자각하다

20 販売(はんばい) 판매

この本(ほん)は子(こ)どもには販売(はんばい)できません。

21 万能(ばんのう) 만능

彼(かれ)はスポーツが万能(ばんのう)で、人気(にんき)がある。

22 非常(ひじょう) 비상

非常(ひじょう)ボタンを押(お)さないように気(き)をつけて。

23 美人(びじん) 미인 （類）美女(びじょ) 미녀

24 筆記（ひっき） 필기

筆記試験は明日の午前９時からです。

25 必死（ひっし） 필사

26 表現（ひょうげん） 표현

自分の思いを言葉で表現する人もいれば、絵を描いて表現する人もいる。

27 広さ（ひろ） 넓이

28 不安（ふあん） 불안
類 心細い（こころぼそ） 불안하다, 허전하다
心配（しんぱい） 걱정

29 付近（ふきん） 부근　類 近所（きんじょ） 근처

30 夫人（ふじん） (남의 아내를 높여서 이르는 말) 부인

大統領の夫人は「ファーストレディー」と呼ばれる。

31 不足（ふそく） 부족

お釣りを渡そうとしたら千円札が不足していたので小さいお金を渡した。

32 部品（ぶひん） 부품

33 部分（ぶぶん） 부분

34 分野（ぶんや） 분야

理科は私の得意分野だから分からないところは教えてあげるよ。

35 平日（へいじつ） 평일

36 変化（へんか） 변화
類 変身（へんしん） 변신　チェンジ 체인지

37 弁当（べんとう） 도시락

あなたのためにお弁当を作ってきたから食べて。

38 方針（ほうしん） 방침

39 宝石（ほうせき） 보석

40 法廷（ほうてい） 법정
類 裁判所（さいばんしょ） 재판소

自動車事故について相手と話がまとまらず、法廷で争うことになった。

41 本能（ほんのう） 본능

人間は本能的に自分を守ろうとする。

42 身なり（み） 옷차림　類 服装（ふくそう） 복장

出かける前に身なりを整える。

43 身振（みぶ）り　몸짓

外国人（がいこくじん）に身振（みぶ）りで説明（せつめい）する。

44 無効（むこう）　무효

選挙（せんきょ）の投票（とうひょう）で名前（なまえ）を間違（まちが）えてしまい無効（むこう）になった。

45 命中（めいちゅう）　명중

ボールが真（ま）ん中（なか）に命中（めいちゅう）する。

46 仲人（なこうど）　(결혼)중매인, 중매쟁이

47 初耳（はつみみ）　금시 초문, 처음 들음

48 話中（はなしちゅう）　이야기 도중, (전화의) 통화중

何回電話（なんかいでんわ）しても話中（はなしちゅう）でつながらない。

49 反響（はんきょう）　반향　類 反応（はんのう）　반응

「納豆祭（なっとうまつり）」は参加者（さんかしゃ）からの反響（はんきょう）がよかったので、来年（らいねん）も続（つづ）けたいと思（おも）います。

50 左利（ひだりき）き　왼손잡이

私（わたし）が通（かよ）っていた大学（だいがく）には左利（ひだりき）きの人（ひと）が多（おお）くてびっくりした。

51 付録（ふろく）　부록

類 景品（けいひん）　경품　おまけ　덤

子（こ）どもの頃（ころ）、雑誌（ざっし）に付（つ）いている付録（ふろく）がとても楽（たの）しみだった。

問題1 ＿＿＿＿＿のことばの読み方として最もよいものを、1・2・3・4から一つえらびなさい。

1 地下鉄に１日中乗れる切符を買ったが、最終（さいしゅう）の電車で<u>無効</u>になった。

1 むごう　　　　2 むごお　　　　3 むこお　　　　4 むこう

2 <u>左利き</u>の人はスポーツに有利（ゆうり）だとよく聞く。

1 ひたりきき　　2 ひだりきき　　3 びだりぎき　　4 ひだりぎき

3 <u>二十歳</u>になったら海外（かいがい）に留学（りゅうがく）しようとずっと考えていた。

1 にとさい　　　2 はたち　　　　3 にじさい　　　4 はだち

4 できないことを<u>当然</u>と思うのは良くないことだ。

1 どうせん　　　2 どうぜん　　　3 とうぜん　　　4 とうせん

5 私の姉は子どもの頃から服を作るのが<u>得意</u>だった。

1 とくい　　　　2 どくい　　　　3 どぐい　　　　4 とぐい

6 窓ガラスが割れて<u>破片</u>（ち）が散らかっている。

1 はかた　　　　2 はがた　　　　3 はぺん　　　　4 はへん

7 車の<u>部品</u>を取り替えたいんだけど、どこに行けばいいかな。

1 ぶひん　　　　2 ぷひん　　　　3 ふひん　　　　4 ぶびん

8 学校の教育<u>方針</u>はなかなか変えられない。

1 ぼうじん　　　2 ぼうしん　　　3 ほうじん　　　4 ほうしん

問題2 ＿＿＿＿＿＿のことばを漢字で書くとき、最もよいものを１・２・３・４から一つえらびなさい。

1 韓国でにんきの歌手が、来月日本でコンサートをするらしい。

1 人汽 　　　2 入氣 　　　3 入気 　　　4 人気

2 私は英語ができないので外国人と話すときはみぶりを使って会話する。

1 見振り 　　　2 躰振り 　　　3 身振り 　　　4 早振り

3 彼女が若い頃にモデルをしていたとははつみみでした。

1 視耳 　　　2 刀耳 　　　3 初耳 　　　4 発耳

4 お母さんはほうせきがたくさんついたネックレスが大好きだ。

1 宝石 　　　2 宝石 　　　3 室砂 　　　4 宕碯

5 愛情ひょうげんの方法は国ごとに違うので面白い。

1 表現 　　　2 裏現 　　　3 俵倪 　　　4 表限

6 ひじょう用の出口は反対側にあります。

1 俳常 　　　2 非常 　　　3 緋吊 　　　4 誹堂

7 男の子なんだからなみだを見せるんじゃない。

1 房 　　　2 捩 　　　3 戻 　　　4 涙

8 このビルの１階のひろさはどのぐらい？

1 広さ 　　　2 拡さ 　　　3 抗さ 　　　4 仏さ

問題3（　　　）に入れるのに最もよいものを、1・2・3・4から一つえらび
なさい。

1 彼女が違う男性と（　　　）よく話しているのを見て彼は腹が立った。

  1 反省　　　　　2 面接　　　　　3 仲　　　　　4 道順

2 僕の（　　　）が来たら呼んでね。

  1 谷　　　　　2 台　　　　　3 波　　　　　4 番

3 この小説の（　　　）で一番面白いのはどこ？

  1 内容　　　　　2 題名　　　　　3 不足　　　　　4 生

4 僕はこのゲームが得意で（　　　）率は100％なんだ。

  1 命令　　　　　2 命中　　　　　3 集中　　　　　4 努力

5 昔は近所に一人ぐらい（　　　）のおばちゃんがいたものだ。

  1 仲人　　　　　2 付録　　　　　3 部品　　　　　4 冷凍

6 （　　　）に休みをとるとお店が空いていていい。

  1 美人　　　　　2 二十歳　　　　　3 平気　　　　　4 平日

7 夏になると冷たい（　　　）ビールが飲みたくなる。

  1 仲　　　　　2 波　　　　　3 生　　　　　4 笑

8 山下（　　　）は会社でも美しい女性だと噂されている。

  1 目的　　　　　2 部品　　　　　3 美人　　　　　4 夫人

 ________ に意味が最も近いものを、１・２・３・４から一つえらびなさい。

1 工事現場の<u>付近</u>では危ないので遊ばないようにしてください。

   1 不安   2 近所   3 友人   4 訪問

2 雑誌を買ったら大きな<u>景品</u>がついていた。

   1 景色   2 化粧品   3 付録   4 風景

3 もういい年なんだから<u>服装</u>はきちんとしてね。

   1 全身   2 全体   3 身振り   4 身なり

4 日本語を話すのは得意だけれど、書くのは<u>不得意</u>なの。

   1 若手   2 辛口   3 苦手   4 無理

5 この会社の受付は<u>美女</u>が多くてうらやましいな。

   1 美人   2 中年   3 老人   4 大人

6 彼女は化粧（けしょう）をすると誰なのか分からないぐらい<u>変身</u>する。

   1 変化   2 変更   3 変人   4 変顔

7 自分の間違いを<u>自覚</u>することは良いことだ。

   1 反則   2 反抗   3 反対   4 反省

8 知らない国で一人で暮らすのはとても<u>不安だ</u>。

   1 安心だ   2 心細い   3 心太い   4 平気だ

問題5 つぎのことばの使い方として最もよいものを、一つえらびなさい。

1 本能

1 明日はお姉さんと<u>本能</u>を買いにデパートへ行く予定だ。

2 私が好きなら<u>本能</u>のことを言ってよ。

3 来週から一人で<u>本能</u>に海外に行くの？

4 彼はいつも子どものように<u>本能</u>で行動している。

2 話中

1 お<u>話中</u>すみませんが、山田さんはどこに行かれましたか？

2 <u>話中</u>は静かに食べなさいと母に言われた。

3 明日の<u>話中</u>の気温は30度を超えるそうです。

4 犬の<u>話中</u>は危ないから車に気をつけてね。

3 必死

1 <u>必死</u>がある人は先生に聞いてください。

2 これさえ覚えれば入学試験も<u>必死</u>だ。

3 なかなか眠れない日は<u>必死</u>を数えて寝ると寝られるよ。

4 後ろから怖いおじさんがついてきたので<u>必死</u>で逃げた。

01 訪問 (ほうもん) 방문
　類 訪ねる (たずねる) 방문하다　訪れる (おとずれる) 방문하다

02 負け (まけ) 짐, 패배
　彼 (かれ) はやっと負け (まけ) を認 (みと) めた。

03 満員 (まんいん) 만원
　類 混雑する (こんざつする) 혼잡하다　満席 (まんせき) 만석

04 実 (み) 열매, 내용, 알맹이
　もっと実 (み) のある話 (はなし) をしてください。

05 道順 (みちじゅん) 길의 순서, 코스
　類 行き方 (いきかた) 가는 법 (「ゆきかた」로도 읽음)

06 土産 (みやげ) 선물, 여행지에서 사 오는 선물, 남의 집을 방문할 때 가지고 가는 선물

07 未来 (みらい) 미래
　類 将来 (しょうらい) 장래　ビジョン 비전

08 無視 (むし) 무시
　無視 (むし) しないでよ！

09 虫歯 (むしば) 충치

10 名作 (めいさく) 명작　類 傑作 (けっさく) 걸작

11 免許 (めんきょ) 면허
　類 許可 (きょか) 허가　ライセンス 라이센스, 면허

12 面接 (めんせつ) 면접

13 申し出 (もうしで) 신청, 의사 표시
　類 申告 (しんこく) 신고　求め (もとめ) 요구, 요청

14 申し分 (もうしぶん) 나무랄 데, 더할 나위
　ここのラーメン、申し分 (もうしぶん) のないうまさだね。

15 目次 (もくじ) 목차, 순서
　類 項目 (こうもく) 항목　タイトル 타이틀
　目次 (もくじ) は本 (ほん) の２ページ目 (め) にあります。

16 目的 (もくてき) 목적
　類 意図 (いと) 의도　ねらい 목적
　彼 (かれ) から手伝 (てつだ) ってくるなんて、何 (なん) か他 (ほか) の目的 (もくてき) があるはずだ。

17 元 (もと) 근원, 처음, (사물의)근간, 기초, 원인
　類 原因 (げんいん) 원인　理由 (りゆう) 이유

18 約 (やく) 대략, 약
　類 だいたい 대강, 대략
　およそ 대강, 대략, 대체로

19 役者 (やくしゃ) 배우

20 矢印 (やじるし) 화살표

21 友人 (ゆうじん) 친구　類 友達 (ともだち) 친구

22 有利 (ゆうり) 유리

23 行方 (ゆくえ) 행방, 간 곳
　類 その後 (ご) 그 후, 장래
　行き先 (ゆくさき) 간 곳, 행선지
　彼 (かれ) の行方 (ゆくえ) を知 (し) る者 (もの) は一人 (ひとり) もいなかった。

24 輸血（ゆけつ） 수혈

25 容易（ようい） 용이, 손쉬움　圞 簡単（かんたん） 간단

26 容器（ようき） 용기, 그릇
圞 入れ物（いれもの） 그릇, 용기
残（のこ）った食（た）べ物（もの）は容器（ようき）に入（い）れて、持（も）って帰（かえ）ってもいいですか？

27 要求（ようきゅう） 요구　圞 注文（ちゅうもん） 주문
君（きみ）の要求（ようきゅう）とは何（なん）だね。

28 要点（ようてん） 요점
圞 重点（じゅうてん） 중점　ポイント 포인트
時間（じかん）がないので、要点（ようてん）だけ説明（せつめい）する。

29 予期（よき） 예기, 미리 예상함
圞 予想（よそう） 예상　予測（よそく） 예측
予期（よき）せぬ出来事（できごと）が起（お）きてしまった。

30 予測（よそく） 예측
圞 推測（すいそく） 추측　予想（よそう） 예상

31 予報（よほう） 예보　圞 見込（みこ）み 전망
昨日（きのう）の天気（てんき）予報（よほう）では晴（は）れだったのにな。

32 利害（りがい） 이해
圞 損得（そんとく） 손득, 손실과 이익
利害（りがい）など関係（かんけい）なく、彼（かれ）は僕（ぼく）の大切（たいせつ）な友達（ともだち）です。

33 例外（れいがい） 열외
圞 除（のぞ）く 빼다, 제외하다　特例（とくれい） 특례
あなただけ、例外（れいがい）というわけにはいきません。

34 冷凍（れいとう） 냉동
残（のこ）った肉（にく）は冷凍（れいとう）しておけばいいよ。

35 列車（れっしゃ） 열차

36 老人（ろうじん） 노인　圞 お年寄（としよ）り 노인

37 論文（ろんぶん） 논문

38 笑（わら）い 웃음, 비웃음

39 用法（ようほう） 용법
圞 使（つか）い方（かた） 사용법
用法（ようほう）を間違（まちが）えると薬（くすり）を飲（の）む意味（いみ）がない。

40 予感（よかん） 예감
圞 直感（ちょっかん） 직감　期待（きたい） 기대
今回（こんかい）はうまく行（い）く予感（よかん）がした。

41 利点（りてん） 이점
圞 長所（ちょうしょ） 장점　強（つよ）み 강점

42 良好 양호 ^類 順調 순조로움

健康状態は良好ですので、何も心配することはありません。

43 良質 양질

44 良心 양심

良心があれば、ひどいことはしないでしょう。

45 両立 양립

勉強と仕事の両立は大変だ。

49 役職 직무, 중역

^類 地位 지위　役目 직무, 임무

春から課長の役職に就く。

50 冷蔵 냉장

51 論理 논리

^類 道理 도리　筋道 사리, 도리

どういう論理でそんな答えが出るの？

52 和風 일본식

スパゲッティを和風にアレンジする。

46 無意味 무의미 ^類 無駄 쓸모없음, 헛됨

47 無駄遣い 낭비

僕から見れば、お酒を飲むことはお金の無駄遣いだ。

48 無茶苦茶 매우 정도가 심함, 엉망진창임

^類 でたらめ 엉터리, 아무렇게나 함

彼の言うことすることは無茶苦茶で理解できない。

これ、無茶苦茶おいしいから、食べてみなよ。

問題1 ________のことばの読み方として最もよいものを、1・2・3・4から一つえらびなさい。

1 昨日は体の調子が悪かったけど、今日は<u>良好</u>だから明日は学校に行けると思う。

1 りょこ　　　　2 りょこう　　　　3 りょうこう　　　　4 りょうごう

2 地図に書いてある<u>矢印</u>の<ruby>方向<rt>ほうこう</rt></ruby>に行けば、映画館に行けるよ。

1 やしるし　　　　2 やじるし　　　　3 やじるじ　　　　4 やしるじ

3 海の横を走る<u>列車</u>から見る景色はとても美しい。

1 れつしや　　　　2 れっしや　　　　3 れつしゃ　　　　4 れっしゃ

4 プリンは<u>冷蔵</u>庫に入ってるから好きに食べなさい。

1 れいぞう　　　　2 れいとう　　　　3 れいそう　　　　4 れっとう

5 歯医者に行ったら<u>虫歯</u>が3本あると言われた。

1 むしは　　　　2 むしば　　　　3 むじは　　　　4 むじば

6 私の<ruby>祖母<rt>そぼ</rt></ruby>は毎週水曜日に<u>老人</u>の<ruby>集<rt>あつ</rt></ruby>まりに<ruby>参加<rt>さんか</rt></ruby>している。

1 ろうひと　　　　2 ろうにん　　　　3 ろうじん　　　　4 ろうしん

7 彼に代わるいい<u>役者</u>はいないかな。

1 やくしゃ　　　　2 やっしゃ　　　　3 やくしや　　　　4 やくざ

8 卒業の<u>論文</u>がまだ終わってないの、手伝って。

1 ろんふみ　　　　2 ろんもん　　　　3 ろんむん　　　　4 ろんぶん

問題2 ＿＿＿＿のことばを漢字で書くとき、最もよいものを１・２・３・４から一つえらびなさい。

1 友達は旅行に行くといつも<u>おみやげ</u>を買ってきてくれる。

1 土産　　　　2 仕産　　　　3 圭産　　　　4 王産

2 <u>りょうしつ</u>の布団はやっぱり気持ちがいい。

1 娘室　　　　2 量質　　　　3 良質　　　　4 限失

3 カメラを買いに行ったら<u>むちゃくちゃ</u>な値段を言われた。

1 無茶古茶　　2 無茶苦茶　　3 無茶若茶　　4 無茶苦茶

4 今回の<u>まけ</u>で、決勝へ進むことは難しくなった。

1 真け　　　　2 負け　　　　3 貝け　　　　4 見け

5 試験の<u>ようてん</u>をまとめるのが得意な方だ。

1 様転　　　　2 用点　　　　3 要占　　　　4 要点

6 では、明日の３時に事務所を<u>ほうもん</u>いたします。

1 訪門　　　　2 方問　　　　3 訪問　　　　4 放問

7 私の家は一番近い駅から歩いて<u>やく</u>７分のところにあります。

1 約　　　　　2 勺　　　　　3 彷　　　　　4 杓

8 彼は英語ができるという点で、私よりも<u>ゆうり</u>であった。

1 有利　　　　2 優利　　　　3 有理　　　　4 優理

問題3（　　　）に入れるのに最もよいものを、1・2・3・4から一つえらびなさい。

1　早く行かないとアルバイトの（　　　）に遅れるわよ。

1 反省　　　　2 面接　　　　3 夫人　　　　4 道順

2　新しい開発計画は住民の反対もあって（　　　）には進まない。

1 容易　　　　2 厄介　　　　3 完成　　　　4 容器

3　薬の箱には「使用につき（　　　）を守（まも）ること」と書いてある。

1 用法　　　　2 用事　　　　3 用意　　　　4 用心

4　外から見ると（　　　）の家なのに、中は畳（たたみ）の部屋が1つもなくて驚いた。

1 洋風　　　　2 若者風　　　　3 和風　　　　4 強風

5　美術館に行く（　　　）はこれで合ってる？

1 訪問　　　　2 土産　　　　3 部品　　　　4 道順

6　使った椅子（いす）は（　　　）の位置に戻（もど）しておいて。

1 棚　　　　2 空　　　　3 元　　　　4 手

7　同じ血液型（けつえきがた）じゃないと（　　　）できないって本当？

1 輸入　　　　2 輸血　　　　3 進入　　　　4 出国

8　（　　　）が健康（けんこう）にいいとは昔から言われていることだ。

1 身振り　　　　2 怒り　　　　3 笑い　　　　4 無口

1 インターネットの<u>長所</u>は知りたい情報をいつでも手に入れることができ
ることだ。

1 利点　　　　　　2 力点　　　　　　3 減点　　　　　　4 不足点

2 夏休みの宿題を<u>無意味</u>だと思わないでください。

1 無表情　　　　　2 無口　　　　　　3 無言　　　　　　4 無駄

3 私の息子はとても勉強熱心だから<u>将来</u>が楽しみだ。

1 見方　　　　　　2 未来　　　　　　3 来日　　　　　　4 過去

4 ただいま<u>満席</u>ですので、少々お待ちください。

1 増員　　　　　　2 空席　　　　　　3 満員　　　　　　4 万歳

5 <u>予期</u>しない事が起きても何とかなるもんだ。

1 要求　　　　　　2 矛盾　　　　　　3 予習　　　　　　4 予測

6 今年の夏も<u>友達</u>と旅するのが楽しみだ。

1 親戚　　　　　　2 友人　　　　　　3 知人　　　　　　4 両親

7 この作品、知らない人はいないぐらい<u>傑作</u>らしいよ。

1 製作　　　　　　2 創作　　　　　　3 名作　　　　　　4 新作

8 あれは<u>許可</u>がないとできない仕事よ。

1 ライン　　　　　2 申請　　　　　　3 免許　　　　　　4 消化

問題5　つぎのことばの使い方として最もよいものを、一つえらびなさい。

1　予感

　1　予感をみて調子が悪ければまた来てください。

　2　今日はなんだかいいことがありそうな予感がする。

　3　最近の天気予感はぜんぜん当たらないね。

　4　この資料を倉庫に予感しておいてくれない？

2　無駄遣い

　1　彼は無駄遣いに人気の歌手だ。

　2　大好きな無駄遣いを聞いていると心が落ち着く。

　3　私は近くの駅から会社まで無駄遣いで通っている。

　4　これは僕には必要なものだけれど、妻には無駄遣いに見えたようだ。

3　冷凍

　1　動物園に行ったらサルが新しい冷凍を見せてくれた。

　2　お母さん、冷凍庫にあった私のアイスクリーム食べたでしょ。

　3　あなたのその質問は冷凍に困るわ。

　4　彼女の作る料理は世界で冷凍おいしい。

01 赤い 빨갛다
泣いたせいで目が赤い。

02 明るい 밝다
🖾 まぶしい 눈부시다
夜の８時なのに外を見たらまだ明るかった。

03 新しい 새롭다
🖾 新鮮な 신선한
　　まっさら 아주 새 것인 모양
父に新しい靴を買ってもらった。

04 甘い 달다
私は甘いものが大好きです。

05 忙しい 바쁘다
🖾 あわただしい 분주하다, 어수선하다
　　せわしない 바쁘다, 조급하다
　　多忙 대단히 바쁨

06 痛い 아프다
虫歯で歯が痛い。
問題が多くて、頭が痛い。

07 美しい 아름답다
🖾 きれいな 예쁜
　　すばらしい 멋있다, 훌륭하다
僕の彼女はとても美しい。

08 おいしい 맛있다
🖾 うまい 맛있다
日本でおいしいものを沢山食べたい。

09 おかしい 이상하다

10 重い 무겁다

11 固い 딱딱하다
この餅は固くて食べられない。

12 暗い 어둡다
暗い部屋でテレビを見ると目が悪くなるよ。

13 楽しい 즐겁다
毎日楽しいことだけを考えて生きている。

14 つまらない 재미없다, 시시하다
🖾 くだらない 시시하다
彼女の話はいつもつまらない。

15 冷たい 차갑다
暑い日は冷たい水がおいしい。

16 強い 강하다
彼の力はそうとう強い。

17 眠い 졸리다 類 ねむたい 졸리다

昨日３時に寝たから今日はとても
眠い。

18 恥ずかしい 부끄럽다, 창피하다

類 みっともない 보기 싫다, 꼴불견이다

19 低い 낮다

彼の声は低いがいい声だ。

20 太い 굵다

21 欲しい 갖고 싶다

新しいバッグが欲しいんだけど、
買ってくれない？

22 細い 가늘다

彼女の足は細くてきれいだ。

23 安い 싸다 類 手ごろな 적합한, 적당한

24 暑い 덥다

健康のために暑い時でも熱いお茶
を飲むようにしている。

25 熱い 뜨겁다 類 白熱 몹시 뜨거워짐

今日の試合はとても熱かった。

26 厚い 두껍다

27 悲しい 슬프다

類 辛い 괴롭다, 고통스럽다

苦しい 괴롭다

せつない 괴롭다, 안타깝다

28 辛い 맵다

私は辛い料理が大好きです。

29 軽い 가볍다 類 軽量 경량

彼のかばんはいつも軽い。

30 かわいい 귀엽다, 예쁘다

類 愛らしい 귀엽다, 사랑스럽다

31 細かい 상세하다, 잘다

類 詳しい 자세하다, 잘 알다

32 寒い 춥다

部屋が寒くて死にそうだ。

33 涼しい 시원하다

類 ひんやりする 썰렁하다

さわやかな 산뜻한, 상쾌한

すがすがしい 상쾌하다, 시원하다

夏は涼しいところで過ごしたい。

34 温い 미지근하다

類 なまぬるい 미지근하다

買ったばかりの水が温かった。

35 暖かい 따뜻하다

（類）ぬくい 따뜻하다, 따스하다

春になると暖かくて気持ちがいい。

36 厳しい 엄하다, 혹독하다

（類）辛口 짜거나 매운 것을 좋아함, 또는 그런 사람,

독설을 하는 사람

彼はいつも自分に厳しい。

37 寂しい 외롭다, 쓸쓸하다

寂しい時は電話してもいい？

38 難しい 어렵다

（類）てこずる 쩔쩔매다, 애먹다

厳しい 엄하다, 엄격하다

39 優しい 상냥하다, 온화하다

（類）温和な 온화한　穏やかな 평온한

親切な 친절한

君って本当に優しい人だね。

40 柔らかい 부드럽다

赤ちゃんの肌はとても柔らかくて
気持ちがいい。

問題1 ＿＿＿＿のことばの読み方として最もよいものを、1・2・3・4から一つえらびなさい。

1 公園には美しい花がいっぱい咲いている。

1 いそがしい　　2 さびしい　　3 うつくしい　　4 おいしい

2 その荷物重いでしょ？ 僕が持ってあげるよ。

1 にぶい　　2 かたい　　3 おもい　　4 かるい

3 寒い冬に3時間も外で待っていたら風邪ひくよ。

1 さむい　　2 あつい　　3 しぶい　　4 いたい

4 辛いものを食べると口の周りが痛い。

1 ぬるい　　2 あつい　　3 つらい　　4 いたい

5 今年の冬は暖かい日が多かった。

1 じゅっかい　　2 あたたかい　　3 こまかい　　4 つかい

6 僕は背の低い女性がいい。

1 ちいさい　　2 にぶい　　3 ひくい　　4 たかい

7 この肉は固くてなかなかかめない。

1 かたくて　　2 しかくくて　　3 あつくて　　4 かるくて

8 もっと強い人間になろうと決心した。

1 きつい　　2 つよい　　3 しい　　4 こわい

問題2 ＿＿＿＿＿＿＿のことばを漢字で書くとき、最もよいものを1・2・3・4から一つえらびなさい。

1 あの赤い車は僕の車だよ。

1 あかい　　　2 あおい　　　3 しろい　　　4 きいろい

2 なぜか試験の最後の問題がいつも難しい。

1 きびしい　　2 かなしい　　3 はげしい　　4 むずかしい

3 パソコンの画面が暗くてよく見えない。

1 かたくて　　2 くらくて　　3 さむくて　　4 つらくて

4 夏の夜は暑くてなかなか眠れない。

1 あかるくて　2 おもくて　　3 あつくて　　4 あまくて

5 旅行の荷物は軽いが、お土産が重い。

1 かるい　　　2 さむい　　　3 あつい　　　4 やすい

6 学校の庭には大きくて太い木がある。

1 ふとい　　　2 おおい　　　3 おおきい　　4 つよい

7 さっきご飯を食べたけど甘いものが食べたくなる。

1 あたらしい　2 あかい　　　3 あつい　　　4 あまい

8 パン教室に通うのがとても楽しい。

1 うれしい　　2 たのしい　　3 あたらしい　4 いそがしい

問題3 （　　　　）に入れるのに最もよいものを、１・２・３・４から一つえらび
なさい。

1 体が（　　　　）人と固い人の違いはなんだろう。

1 眠い　　　　　　2 冷たい　　　　　　3 固い　　　　　　4 柔らかい

2 最近は仕事よりも趣味のことで（　　　　）。

1 固い　　　　　　2 忙しい　　　　　　3 温い　　　　　　4 暑い

3 友達からもらった人形はとても（　　　　）気に入った。

1 かわいくて　　　2 熱くて　　　　　　3 寂しくて　　　　4 眠くて

4 今日のサッカーの試合はとても（　　　　）試合だった。

1 熱い　　　　　　2 赤い　　　　　　　3 厚い　　　　　　4 重い

5 友達は最近（　　　　）仕事を始めて、忙しくなった。

1 暖かい　　　　　2 新しい　　　　　　3 塩辛い　　　　　4 生温い

6 お風呂上りの（　　　　）ビールは最高だ。

1 温い　　　　　　2 太い　　　　　　　3 強い　　　　　　4 冷たい

7 誕生日プレゼントは何が（　　　　）？

1 低い　　　　　　2 辛い　　　　　　　3 欲しい　　　　　4 安い

8 昨日３時間しか寝てなくて、今ものすごく（　　　　）んだよ。

1 温い　　　　　　2 細い　　　　　　　3 煙たい　　　　　4 眠い

 ＿＿＿＿に意味が最も近いものを、1・2・3・4から一つえらびなさい。

1 詳しいことは総務部の田中さんに聞いてください。

1 細い　　　　2 細かい　　　　3 鋭い　　　　4 険しい

2 私は親切で素直な女性になりたい。

1 かわいくて　　2 美しくて　　3 明るくて　　4 優しくて

3 暑い夏は涼しい場所でコーヒーを飲みながらのんびりと過ごす。

1 さわやかな　　2 優しい　　3 温い　　4 柔らかい

4 彼女の作った料理はどれもうまい。

1 まずい　　　　2 おいしい　　3 新しい　　4 温い

5 母に「その格好はみっともないからやめなさい」と言われた。

1 暖かい　　　　2 辛い　　　　3 暗い　　　　4 恥ずかしい

6 いいものが手ごろな値段で買えて、とても嬉しい。

1 軽い　　　　　2 難しい　　　3 安い　　　　4 高い

7 くだらない話ばかりしないで勉強しなさい。

1 欲しい　　　　2 つまらない　3 面白い　　　4 冷たい

8 どうして泣いているの？辛いことでもあったの？

1 厳しい　　　　2 冷たい　　　3 悲しい　　　4 おかしい

問題5 つぎのことばの使い方として最もよいものを、一つえらびなさい。

1 寂しい

1 一人で家にいると話す人がいないので寂しい。

2 子どもが外で遊んでいるから寂しくて勉強ができない。

3 今月は寂しくて毎日遅くまで仕事しなくちゃいけない。

4 寂しいものをいっぱい見ると心が豊かになる。

2 明るい

1 暑ければ友達とプールに行けば明るいよ。

2 餅が明るくてなかなか切れない。

3 彼女はとても明るい性格（せいかく）だからすぐ友達になれるよ。

4 じっと見ないでよ、明るいじゃない。

3 温い

1 先生は温い人なので宿題を忘れると怒る。

2 ここのお風呂は熱いと聞いていたが入ってみたら温かった。

3 夏の気温は温くて耐（た）えられない。

4 今日のカレーはものすごく温くて汗と涙が止まらない。

01 粗^{あら}い 엉성하다, 조잡하다, 꺼칠하다
(類) 荒^{あら}っぽい 거칠다, 조잡하다
彼は仕事は速いが、粗くてミスも多い。

02 荒^{あら}っぽい 거칠다, 조잡하다
(類) 荒^{あらあら}々しい 심하다, 격렬하다
乱暴^{らんぼう}だ 난폭하다
お父^{とう}さんの運転^{うんてん}は荒^{あら}っぽいのでいやだ。

03 薄暗^{うすぐら}い 어둑하다, 어스레하다, 침침하다

04 かわいらしい 사랑스럽다, 예쁘장하다
(類) かわいい 귀엽다　愛^{あい}らしい 사랑스럽다

05 清^{きよ}い 깨끗하다, 맑다
(類) きれいだ 깨끗하다　澄^すむ 맑다, 맑아지다

06 険^{けわ}しい 험하다, 험난하다, 험상궂다
(類) 厳^{きび}しい 엄하다　難^{むずか}しい 어렵다
合格^{ごうかく}までの道^{みち}のりは長^{なが}くて険^{けわ}しい。
友達^{ともだち}が険^{けわ}しい顔^{かお}で新聞^{しんぶん}を読^よんでいたので、声^{こえ}をかけられなかった。

07 恋^{こい}しい 그립다　(類) なつかしい 그립다
写真^{しゃしん}を見^みたら、家族^{かぞく}が恋^{こい}しくなった。

08 鋭^{するど}い 날카롭다, 예리하다
鋭^{するど}い刃物^{はもの}を持^もって飛行機^{ひこうき}に乗^のることはできません。
鋭^{するど}い目^めつきで周^{まわ}りを見回^{みまわ}す。

09 騒^{そうぞう}々しい 시끄럽다, 떠들썩하다, 어수선하다
(類) 騒^{さわ}がしい 시끄럽다, 소란스럽다
やかましい 시끄럽다, 요란스럽다
家^{いえ}の近^{ちか}くに遊園地^{ゆうえんち}ができたので一日中^{いちにちじゅう}騒^{そうぞう}々しい。

10 辛^{つら}い 괴롭다, 고통스럽다
(類) 苦^{くる}しい 괴롭다
私^{わたし}の気持^{きも}ちをわかってくれる人^{ひと}が一人^{ひとり}もいないので辛^{つら}い。

11 情^{なさ}け深^{ぶか}い 인정이 많다, 정이 깊다
(類) 親切^{しんせつ}だ 친절하다

12 憎^{にく}らしい 얄밉다, 밉살스럽다

13 真^まっ白^{しろ}い 새하얗다
全^{まった}く勉強^{べんきょう}しなかったので、私^{わたし}のテスト用紙^{ようし}は真^まっ白^{しろ}かった。

14 良^よい 좋다

15 欲深^{よくぶか}い 욕심이 많다
(類) 欲張^{よくば}りだ 욕심쟁이다
彼^{かれ}はいつもお金^{かね}のことばかり考^{かんが}えている欲深^{よくぶか}い人^{ひと}だ。

16 青白い 파르스름하다, 창백하다

青白い顔をしているけど、どこか悪いの？

17 煙い (연기로)맵다, 거북하다

類 煙たい (연기로)맵다, 거북하다

部屋が煙くなるので、タバコは外で吸ってください。

あの先生はどうも煙たくて　好きになれない。

18 四角い 네모지다

19 見苦しい 보기 흉하다, 꼴사납다

類 みっともない 꼴사납다, 꼴불견이다

人の前で兄弟げんかをするのは見苦しいからやめなさい。

20 めでたい 경사스럽다, 순조롭다, 아주 좋다

結婚式というめでたい席に出席できてうれしいです。

21 緩い 느슨하다, 헐렁하다, 완만하다

類 大きい 크다

何日も雨が続いて地面が緩くなっている。

22 快い 상쾌하다, 기분 좋다

類 気持ちいい 기분 좋다

木の下で休んでいると、すずしくて快い風がふいた。

私があやまると、友だちは快く許してくれた。

23 塩辛い 짜다

塩辛い食べ物を食べると後でのどがかわく。

24 尊い・貴い 존엄하다

類 貴重だ 귀중하다

25 生温い 미지근하다, 흐리멍텅하다

生温いビールはおいしくない。

そんな生温い気持ちでは負けてしまうよ。

26 望ましい 바람직하다

子どもは外に出て元気よく遊ぶことが望ましい。

27 平たい 넓적하다, 평평하다, 알기 쉽다

日本は山が多くて平たい土地が少ない。

平たいことばで説明する。

問題1 ＿＿＿＿のことばの読み方として最もよいものを、1・2・3・4から一つえらびなさい。

1 この先も<u>険</u>しい山道が続いている。

1 けわしい　　　2 けんしい　　　3 おそろしい　　　4 やましい

2 友達の願いを<u>快</u>く引き受けた。

1 きもちよく　　2 かいよく　　　3 こころよく　　　4 あたまよく

3 週に2、3回は魚を食べることが<u>望</u>ましい。

1 うらやましい　2 のぞましい　　3 いたましい　　　4 ねたましい

4 ねこは<u>鋭</u>いつめを使って木に登る。

1 するどい　　　2 つよい　　　　3 すごい　　　　　4 かたい

5 まずは全体を<u>粗</u>く調べてみよう。

1 くまなく　　　2 あらく　　　　3 くわしく　　　　4 きびしく

6 彼の言い方が<u>憎</u>らしくて腹が立つ。

1 かわいらしく　2 ぞうらしく　　3 あらあらしく　　4 にくらしく

7 <u>塩辛</u>い食べ物を食べると喉が渇く。

1 えんからい　　2 えんつらい　　3 しおからい　　　4 しおつらい

8 庭が雪で<u>真っ白</u>くなった。

1 まっぱくく　　2 しんっぱくく　　3 しんっしろく　　4 まっしろく

問題2 ＿＿＿＿のことばを漢字で書くとき、最もよいものを１・２・３・４から一つえらびなさい。

1 朝早く起きて<u>きよい</u>空気のなかで散歩（さんぽ）すると気持ちがよい。

1 気よい　　　2 清い　　　3 情い　　　4 来よい

2 人の命（いのち）よりも<u>とうとい</u>ものはない。

1 遠い　　　2 尊い　　　3 等とい　　　4 当とい

3 <u>しかくい</u>紙を半分に折って、三角形を作る。

1 四角い　　　2 死角い　　　3 四画い　　　4 視覚い

4 寒（さむ）い季節（きせつ）になるとあたたかい火が<u>こいしく</u>なる。

1 愛しく　　　2 濃いしく　　　3 受しく　　　4 恋しく

5 教室が<u>そうぞうしくて</u>勉強ができない。

1 騒々しくて　　　2 想像しくて　　　3 早々しくて　　　4 草々しくて

6 日本は山が多いので、広くて<u>ひらたい</u>道が少ない。

1 片たい　　　2 平たい　　　3 並たい　　　4 開たい

7 友達との別れは<u>つらい</u>ものだ。

1 痛い　　　2 幸い　　　3 苦い　　　4 辛い

8 彼の食べ方は<u>みぐるしい</u>。

1 身苦しい　　　2 身来るしい　　　3 見苦しい　　　4 実来るしい

1 （　　　）目をあけていられない。

1 冷たくて　　　2 暑くて　　　　3 うれしくて　　　4 煙たくて

2 弟は体が弱くいつも（　　　）顔をしている。

1 赤い　　　2 重たい　　　3 青白い　　　4 憎らしい

3 姉の結婚、妹の大学合格と最近（　　　）ことがつづいている。

1 めでたい　　　2 快い　　　3 かわいらしい　　　4 よりよい

4 横のおじさんのタバコが（　　　）ので、席をかえた。

1 粗い　　　2 眠い　　　3 うるさい　　　4 煙い

5 テントを張るために（　　　）場所を探す。

1 険しい　　　2 平たい　　　3 遠い　　　4 四角い

6 これは日本語を初めて勉強する人に（　　　）教科書です。

1 良い　　　2 気持ちよい　　　3 安い　　　4 緩い

7 私が留学に行くと言うと、父は（　　　）顔をした。

1 真っ白い　　　2 薄暗い　　　3 険しい　　　4 かわいらしい

8 アメリカに1ヵ月もいると日本料理が（　　　）なる。

1 おいしく　　　2 恋しく　　　3 辛く　　　4 多く

問題4 ＿＿＿＿＿に意味が最も近いものを、１・２・３・４から一つえらびなさい。

1 父は困っている人がいると、必ず助けてあげる情け深い人だ。

1 美しい　　　　2 うれしい　　　　3 親切な　　　　4 すてきな

2 人のために何かしたいと思う気持ちが貴い。

1 明るい　　　　2 貴重だ　　　　3 正しい　　　　4 めずらしい

3 快い風が吹いている。

1 涼しい　　　　2 はやい　　　　3 冷たい　　　　4 気持ちよい

4 清い心をもっている少女。

1 きれいな　　　　2 あたたかい　　　　3 広い　　　　4 やさしい

5 ズボンが緩ければ、ベルトをしめてください。

1 長ければ　　　　2 大きければ　　　　3 軽ければ　　　　4 古ければ

6 男の子は女の子よりも荒っぽい遊びが好きだ。

1 つまらない　　　　2 こわい　　　　3 難しい　　　　4 乱暴な

7 辛い練習をたくさんしたので、試合で勝つことができた。

1 重い　　　　2 はやい　　　　3 苦しい　　　　4 痛い

8 明日の会議は全員来るのが望ましい。

1 よい　　　　2 忙しい　　　　3 おもしろい　　　　4 楽しい

問題5　つぎのことばの使い方として最もよいものを、一つえらびなさい。

1　薄暗い

1　あの人の性格は薄暗い。

2　窓が少ないので家の中が昼でも薄暗い。

3　私は薄暗い味が好きだ。

4　気がついたら、外はすっかり薄暗くなっていた。

2　生温い

1　生温いお風呂に入って風邪を引いた。

2　熱が出て体が生温い。

3　母親の生温い愛を感じた。

4　生温いうちに食べてください。

3　かわいらしい

1　かわいらしい料理はあまり好きではない。

2　6月は雨がよく降ってかわいらしい。

3　友達とかわいらしい時間を過ごす。

4　赤ちゃんの足は小さくてかわいらしい。

01 安全 안전함
类 無事 무사함　無難 무난함
帰るときは安全な道を通って帰りなさい。

02 あんな 저런, 그런

03 元気 건강함
类 健康的な 건강한
生き生き 활기찬 모양
活動的な 활동적인

04 盛ん 번성함, 번창함

05 自由 자유
类 開放的 개방적
のびのびとした 구김살 없는, 자유로운
この学校の自由な校風が気に入った。

06 十分 충분함

07 上手 잘함, 능숙함
类 うまい 잘하다, 솜씨가 있다
料理上手な彼女のおかげで毎日美味しいご飯が食べられる。

08 丈夫 튼튼함, 건강함
类 がっしり 튼튼히, 다부지게
しっかりした 튼튼한, 확실한
たくましい 다부지다, 힘차다
この布は丈夫な布なのでなかなか破れない。

09 好き 좋아함
好きなものばかり食べずに嫌いなものも食べなさいよ。

10 大好き 아주 좋아함
类 お気に入り 마음에 듦　好物 좋아하는 것
大好きなTVを見ているときが一番幸せだ。

11 大切 소중함
大切なものは心の中にある。

12 たいへん 대단함, 힘듦, 고생스러움
类 困難な 곤란한

13 どんな 어떤

14 不便 불편함　类 不都合な 불편한, 무례한
家から駅まで遠いので、とても不便な生活をしている。

15 便利 편리함
类 使いやすい 사용하기 쉽다
手軽な 손쉬운
新しい携帯電話は便利な機能が沢山ついている。

16 まじめ 성실함
類 一生懸命（いっしょうけんめい） 열심임
正直（しょうじき）な 정직한
誠実（せいじつ）な 성실한

彼女（かのじょ）はまじめな性格（せいかく）で遅刻（ちこく）は一度（いちど）もしたことがない。

17 無理（むり） 무리임
類 不可能（ふかのう） 불가능　できない 할 수 없다

無理（むり）な話（はなし）ばかりしないでよ。

18 簡単（かんたん） 간단함
類 楽（らく） 편안함　シンプル 심플

今日（きょう）は疲（つか）れているので、簡単（かんたん）な料理（りょうり）にするわ。

19 危険（きけん） 위험
類 危（あぶ）ない 위험하다

危険（きけん）な建物（たてもの）には勝手（かって）に入（はい）らないように。

20 残念（ざんねん） 아쉬움, 유감임

21 大事（だいじ） 소중함, 중요함

大事（だいじ）なことは後回（あとまわ）しにしないように。

22 確（たし）か 확실함, 틀림없음

23 適当（てきとう） 적당함
類 適度（てきど） 알맞은 정도

ほどよい 알맞다

授業（じゅぎょう）で使（つか）う適当（てきとう）な写真（しゃしん）がない。

24 特別（とくべつ） 특별
類 立派（りっぱ）な 훌륭한　特（とく）に 특히

夏休（なつやす）みの特別（とくべつ）な計画（きかく）は何（なに）かありますか？

25 熱心（ねっしん） 열심
類 一生懸命（いっしょうけんめい） 열심임

ひたむき 한결같음

次（つぎ）の大会（たいかい）に向（む）けて熱心（ねっしん）な練習（れんしゅう）が行（おこな）われている。

26 必要（ひつよう） 필요

27 邪魔（じゃま） 방해, 장애

28 一生懸命 열심임

（類）まじめ 성실함

私は一生懸命なあなたが好きでし
ょうがない。

29 親切 친절

（類）温かい 따뜻하다, 다정하다

初めて彼に会った時、親切な人だ
と感じた。

30 丁寧 정중함, 공손함

（類）親切な 친절한

丁寧な説明をありがとうございま
した。

31 暇 한가함

この手紙は文章が長いので暇な時
に読んでください。

32 複雑 복잡함

（類）ややこしい 복잡하다, 까다롭다
　　面倒 귀찮음

電話で複雑な話をされても困る。

問題1 ＿＿＿＿のことばの読み方として最もよいものを、1・2・3・4から一つえらびなさい。

1 今日は君の好きなカレーライスを作ったよ。

1 さきな　　　　2 すきな　　　　3 おおきな　　　　4 しゅきな

2 小さな旅_{たび}でも楽しければそれでいい。

1 ちさな　　　　2 しょうさな　　　　3 こさな　　　　4 ちいさな

3 今日は親切な人にいっぱい出会った。

1 ざんしん　　　2 おやぎり　　　　3 しんせつ　　　　4 ゆたか

4 簡単な料理だったら何が作れる？

1 かんしんな　　2 かんいな　　　　3 かんたんな　　　4 かんじんな

5 夏休みになれば自由な時間が沢山できる。

1 じゆうな　　　2 じざいな　　　　3 しあわせな　　　4 しぜんな

6 安全な食べ物を子どもに食べさせたい。

1 あんごうな　　2 きけんな　　　　3 あんしんな　　　4 あんぜんな

7 残念なことに家でインターネットができなくなった。

1 ざんねん　　　2 さいあく　　　　3 はんせい　　　　4 みれん

8 国際交流_{こうりゅう}が盛んな学校に入って他の国の文化にふれたい。

1 ねっしんな　　2 かっぱつんな　　3 さかんな　　　　4 さんざんな

問題2 _______のことばを漢字で書くとき、最もよいものを１・２・３・４から
一つえらびなさい。

1 生活するのに<u>じゅうぶん</u>なお金はある。

1 十分　　　　　2 十文　　　　　3 十部　　　　　4 十粉

2 <u>ひま</u>な時は私に連絡してください。

1 蝦　　　　　2 明　　　　　3 曜　　　　　4 暇

3 彼女の<u>ていねい</u>なお礼の言葉にびっくりした。

1 程度　　　　　2 庁寧　　　　　3 丁寧　　　　　4 頂戴

4 彼女の<u>ねっしん</u>な言葉に心がひかれた。

1 安心　　　　　2 熱心　　　　　3 真剣　　　　　4 必死

5 <u>たいへん</u>なことが起きたらどうしよう。

1 大事　　　　　2 大変　　　　　3 大恋　　　　　4 大返

6 彼女は昔からピアノが<u>じょうず</u>な人だった。

1 下手　　　　　2 上手　　　　　3 高手　　　　　4 低手

7 弁当<u>いがい</u>に何が必要なの？

1 似外　　　　　2 意外　　　　　3 以内　　　　　4 以外

8 明日の遠足に<u>ひつよう</u>なものは何ですか。

1 必要　　　　　2 必用　　　　　3 必西　　　　　4 必殺

 （　　　）に入れるのに最もよいものを、1・2・3・4から一つえらび
なさい。

1 食べ物の中だったら（　　　）食べ物が好き？

1 下手な　　　　2 なかなかな　　　3 どんな　　　　4 適当な

2 そんな（　　　）なことなら先に言ってよ。

1 元気　　　　　2 大事　　　　　　3 以外　　　　　4 暇

3 川田さん、（　　　）ところで何をしていたの？

1 熱心な　　　　2 親切な　　　　　3 元気な　　　　4 あんな

4 遊びたいが（　　　）時間が合わない。

1 あんな　　　　2 どんな　　　　　3 以外な　　　　4 なかなか

5 駅から近くて（　　　）なところに住みたい。

1 下手　　　　　2 便利　　　　　　3 丈夫　　　　　4 必要

6 （　　　）な家族がいれば仕事が大変でも頑張れる。

1 不便　　　　　2 大切　　　　　　3 邪魔　　　　　4 なかなか

7 仕事に（　　　）な彼の姿（すがた）が大好きだ。

1 残念　　　　　2 安全　　　　　　3 一生懸命　　　4 簡単

8 私達は（　　　）技術を提供（ていきょう）します。

1 あんな　　　　2 金持ちな　　　　3 確かな　　　　4 不便な

問題4 ＿＿＿＿に意味が最も近いものを、１・２・３・４から一つえらびなさい。

1 お気に入りの服を着て出かけると気分がいい。

　1 小さな　　　　2 大好きな　　　　3 危険な　　　　4 派手な

2 細くて危ない道は一人で通ってはいけません。

　1 愉快な　　　　2 平和な　　　　3 危険な　　　　4 自由

3 いつもややこしい仕事ばかり、頼まれている気がする。

　1 便利な　　　　2 大切な　　　　3 複数な　　　　4 複雑な

4 適度な運動で体重が５キロ減った。

　1 適当な　　　　2 金持ちな　　　　3 無理な　　　　4 好きな

5 丈夫な骨を作るために毎日牛乳を飲んでいる。

　1 おおきい　　　2 たくましい　　　3 しっとりとした　4 あらい

6 活動的な人に出会うと私も明るくなる。

　1 自由な　　　　2 静かな　　　　3 元気な　　　　4 困難な

7 山田さんは正直な性格でうそが嫌いだ。

　1 適当な　　　　2 危険な　　　　3 無理な　　　　4 真面目な

8 外国で生活すると不都合なこともある。

　1 好都合な　　　2 不利な　　　　3 不便な　　　　4 不思議な

1　特別

1　特別な声で挨拶をすると気持ちがいい。

2　明日の会議は特別な理由がない限（かぎ）り休んではいけません。

3　何もない特別な日々が続けばいいのにな。

4　公園を散歩して疲れたので特別な場所に座った。

2　暇

1　彼女はいつも暇な性格で一緒にいると楽だ。

2　彼の暇な笑顔（えがお）がいつまでも心に残っている。

3　暇な時間をどうすごそうか。

4　明日は暇な服で来てもいいよ。

3　邪魔

1　あなたの邪魔な食べ物をここに書いてください。

2　忙しくても毎日1時間だけ邪魔な時間を持つようにしている。

3　新しい仕事を始める邪魔な時間がない。

4　邪魔なものが沢山あると部屋がせまく感（かん）じる。

01 甘口（あまくち） (술·된장 등이)단맛이 돎, 또는 그런 식품, 단 것을 좋아함, 또는 그런 사람

味（あじ）は甘口（あまくち）にしてください。

どうしたんだろう、今日（きょう）の先生（せんせい）は甘口（あまくち）な事（こと）しか言（い）わない。

02 意外（いがい） 의외　類 まさか 설마

おいしいとTVで紹介（しょうかい）されたお店（みせ）が意外（いがい）な場所（ばしょ）にあった。

03 異常（いじょう） 이상함

類 おかしい 이상하다　変（へん）な 이상한

今年（ことし）の夏（なつ）は異常（いじょう）なほどに暑（あつ）い。

04 気軽（きがる） 선선함, 홀가분함

類 気楽（きらく） 편함

私（わたし）はこの気軽（きがる）な場所（ばしょ）が大好（だいす）きだ。

05 巨大（きょだい） 거대　類 特大（とくだい） 특대

巨大（きょだい）なケーキを一人（ひとり）で全部（ぜんぶ）食（た）べきった。

06 幸福（こうふく） 행복

幸福（こうふく）な時間（じかん）はすぐに過（す）ぎてしまう。

07 最低（さいてい） 최저　類 最悪（さいあく） 최악

最初（さいしょ）は最低（さいてい）な人（ひと）だと思（おも）ったけど、そうでもなかったみたい。

08 幸（しあわ）せ 행복, 행운　類 幸福（こうふく） 행복

幸（しあわ）せな時間（じかん）はすぐに過（す）ぎてしまう。

09 上等（じょうとう） 상등, 고급

類 上物（じょうもの） 상품(높은 품격)

部長（ぶちょう）から上等（じょうとう）な服（ふく）をもらった。

10 不自由（ふじゆう） 부자유(함)　類 不便（ふべん） 불편

彼（かれ）は今（いま）まで、不自由（ふじゆう）な生活（せいかつ）をしたことがない。

11 不利（ふり） 불리

彼（かれ）は自分（じぶん）に不利（ふり）なことは一（ひと）つも言（い）わない。

12 平和（へいわ） 평화　類 平安（へいあん） 평안

子（こ）ども達（たち）のために平和（へいわ）な世界（せかい）を作（つく）りましょう。

13 下手（へた） 서투름

類 不器用（ぶきよう） 솜씨가 서투름, 손재주가 없음

料理（りょうり）が下手（へた）な女性（じょせい）は私（わたし）だけではないはずだ。

14 身近（みぢか） 신변, 몸에 가까움　類 側（そば） 옆, 곁

いい人（ひと）は身近（みぢか）な所（ところ）にいるよ。

15 無能（むのう） 무능함　類 低能（ていのう） 저능함

無能（むのう）な人（ひと）と言（い）われないように頑張（がんば）る。

16 有能（ゆうのう） 유능함　類 切（き）れ者（もの） 수완가

この会社（かいしゃ）は有能（ゆうのう）な人（ひと）を求（もと）めている。

17 穏やか 평온함, 차분함

18 かなり 제법, 상당히, 꽤 〔類〕相当 상당

あの人、北海道ではかなりな有名人らしいよ。

19 完全 완전함

完全な形でみなさんにお見せしたいです。

20 清らか 맑음, 깨끗함, 청순함
〔類〕清純 청순함 ピュア 퓨어, 순수함

21 不順 불순 〔類〕良くない 좋지 않다

22 不当 부당
〔類〕間違い 틀림, 잘못됨, 실수, 과실

23 無難 무난함 〔類〕ちょうどよい 딱 좋다

そうね、無難な考え方でいいと思うよ。

24 完ぺき 완벽
〔類〕パーフェクト 퍼펙트

25 軽率 경솔 〔類〕不注意 부주의

あなたほど軽率な人を今まで見たことがありません。

26 清純 청순

27 切実 절실
〔類〕心から 마음에서, 진심으로
切に 간절히, 진심으로
本当に切実な答えだね。

28 台無し 쓸모 없이 됨, 엉망이 됨
〔類〕駄目になる 쓸모 없이 되다

29 和やか 온화함, (분위기・기색이)부드러움

和やかな空気で安心しました。

30 無邪気 악의가 없음, 천진난만함

彼女の無邪気な笑顔が好きだ。

31 無闇 무턱댐, 함부로 함, 터무니없음, 지나침
〔類〕必要以上 필요 이상

無闇に探しても疲れるだけよ。

問題1 ＿＿＿＿のことばの読み方として最もよいものを、1・2・3・4から一つえらびなさい。

1 また、近くに来られたら気軽にうちに遊びに来てくださいね。

1 きしつ　　　2 きかく　　　3 きじつ　　　4 きがる

2 キャプテンが怪我（けが）で出られないぶんこっちは不利だが、それでも頑張ろう。

1 ぶり　　　2 ふり　　　3 ぶじ　　　4 ふじ

3 小さな頃は私も弟とあの子たちのように無邪気に遊んだものだ。

1 むやみ　　　2 むじゃげ　　　3 むじゃき　　　4 むこう

4 祖母はとても穏やかな人だ。

1 さわやかな　　　2 やわやかな　　　3 まろやかな　　　4 おだやかな

5 こんな巨大な玉子焼き、どうやって作ったんだ？

1 かんだいな　　　2 きょだいな　　　3 そうだいな　　　4 かくだいな

6 そんな不順な気持ちでクラブに入ってほしくないんだけど。

1 あいまいな　　　2 ふじゅんな　　　3 きがるな　　　4 けいそつな

7 今は下手なことは言わないほうがいい。

1 へいわな　　　2 げてな　　　3 へたな　　　4 げしゅな

8 安心してください。彼はとても有能な技術者（ぎじゅつしゃ）ですから。

1 うのうな　　　2 みのうな　　　3 むのうな　　　4 ゆうのうな

 ________のことばを漢字で書くとき、最もよいものを1・2・3・4から一つえらびなさい。

1 とても<u>じょうとうな</u>肉をもらったが、料理の仕方が分からない。

　　1 上位な　　　　　2 上品な　　　　　3 上等な　　　　　4 上乗な

2 子どもの時は<u>あまくち</u>のカレーが好きでした。

　　1 切口　　　　　　2 辛口　　　　　　3 天口　　　　　　4 甘口

3 歌の<u>へたな</u>彼女がこんなにたくさんの人の前で歌うとは思わなかった。

　　1 十手な　　　　　2 下手な　　　　　3 干手な　　　　　4 牛手な

4 昨日<u>いがいな</u>所で先生と会った。

　　1 竜外な　　　　　2 竟外な　　　　　3 意外な　　　　　4 音外な

5 このパンを買うか買わないかも、今の私には<u>せつじつな</u>問題なんです。

　　1 切実な　　　　　2 確実な　　　　　3 現実な　　　　　4 果実な

6 彼女は<u>かんぺき</u>に僕のことを忘れているようだ。

　　1 究ぺき　　　　　2 完ぺき　　　　　3 穴ぺき　　　　　4 客ぺき

7 どんな服にでも合わせられるように、白とか黒とか<u>ぶなんな</u>色にしておいたら？

　　1 不難な　　　　　2 蕪難な　　　　　3 撫難な　　　　　4 無難な

8 今日は思い出したくもないくらい<u>さいていな</u>一日だった。

　　1 最低な　　　　　2 最氏な　　　　　3 最毛な　　　　　4 最兎な

問題3 （　　　　）に入れるのに最もよいものを、1・2・3・4から一つえらび
なさい。

1 色んなことがありましたが、今は夫と子どもと田舎で（　　　）生活を
送っております。

1 報せな　　　　2 交せな　　　　3 魅せな　　　　4 幸せな

2 今日も（　　　）一日になりますように。

1 平和な　　　　2 平坦な　　　　3 平行な　　　　4 平成な

3 （　　　）とんかつを食べたら、お腹がいっぱいになった。

1 巨大な　　　　2 無能な　　　　3 巨人な　　　　4 無邪気な

4 昨日何十回<ruby>何十回<rt>なんじゅっかい</rt></ruby>も練習したのに、覚えたことを（　　　）に忘れた。

1 安全　　　　2 完全　　　　3 健全　　　　4 万全

5 小さな子どもも一緒なんですから（　　　）な行動はしないでください。

1 軽量　　　　2 軽率　　　　3 軽視　　　　4 軽減

6 （　　　）雰囲気<ruby>雰囲気<rt>ふんいき</rt></ruby>で、楽しく続けられます。

1 甘口な　　　　2 不自由な　　　　3 最低な　　　　4 和やかな

7 （　　　）の重さだから、一人では持てないと思うよ。

1 かだい　　　　2 かしこ　　　　3 かなり　　　　4 かけて

8 母も14歳のころには（　　　）女の子だったと思う。

1 清純な　　　　2 上等な　　　　3 不利な　　　　4 甘口な

 ＿＿＿＿＿＿に意味が最も近いものを、１・２・３・４から一つえらびなさい。

1　あなたが幸せを感じる時はどんな時ですか？

　　1　幸福　　　　　2　幸水　　　　　3　幸先　　　　　4　幸便

2　今はパソコンが無いと何もかも不便な時代だ。

　　1　不景気な　　　2　不自由な　　　3　不人気な　　　4　不評な

3　いつもあなたの側にいる人を大切にしなさい。

　　1　身代　　　　　2　身近　　　　　3　身心　　　　　4　身体

4　必要以上に私に話しかけないでください。

　　1　無数　　　　　2　無限　　　　　3　無闇　　　　　4　無効

5　一本の電話が二人の関係を駄目にしてしまった。

　　1　無能　　　　　2　無邪気　　　　3　無難　　　　　4　台無し

6　子どもマラソンに大人が出るのは誰が見ても間違いでしょう。

　　1　不当　　　　　2　不足　　　　　3　不安　　　　　4　不平

7　何も知らない人は姉を清純なすばらしい女性だと言う。

　　1　軽やかな　　　2　和やかな　　　3　穏やかな　　　4　清らかな

8　どこかおかしいところがありましたら店に持って来てください。

　　1　不当な　　　　2　異常な　　　　3　下手な　　　　4　有能な

問題5 つぎのことばの使い方として最もよいものを、一つえらびなさい。

1 無能

1 幸せで<u>無能</u>な家庭を作ることが私の夢です。

2 <u>無能</u>な人間なんて本当は一人もいないんだと父は教えてくれた。

3 今日はそんな<u>無能</u>な服を着て結婚式にでも行くのかい？

4 昨日釣った魚は今までの中で一番<u>無能</u>な大きさだったよ。

2 意外

1 息子の<u>意外</u>な寝顔（ねがお）を見るのが私の幸せだ。

2 パーティーを犬のポチに<u>意外</u>にされた。

3 今なら<u>意外</u>にこの鞄もお付けします。

4 <u>意外</u>な質問をされて答えられなかった。

3 身近

1 探しているものは意外に<u>身近</u>な所にあるものだよ。

2 そんな<u>身近</u>なことをするのなら、警察を呼びますよ。

3 足を怪我して何をするのも<u>身近</u>だ。

4 今日は<u>身近</u>に汗をかくな。

Chapter4 동사

01 会う 만나다
　劉 **お目にかかる** 만나 뵙다
　　出会う 우연히 만나다, 마주치다
半年ぶりに友達に会った。

02 言う 말하다
そんなこと言わないでよ。

03 行く・行く 가다
天気がいいので友達と京都に行っ
た。

04 急ぐ 서두르다
　劉 **あわてる** 허둥대다, 몹시 서두르다
　　走る 달리다
バスが出発しますので、急いでく
ださい。

05 売る 팔다
部屋に漫画がたくさんあったので
全部売った。

06 送る 보내다, 부치다
引っ越しするので荷物を送った。

07 折る 꺾다, 접다, 부러뜨리다
　劉 **たたむ** 개다, (여러겹으로)접다
骨を折って入院した。
彼女は洗濯物をきれいにたたんだ。

08 書く 쓰다
外国にいる友達に手紙を書いた。

09 着る (옷을)입다
　劉 **身に付ける** 입다, 몸에 걸치다

10 閉める 닫다
　劉 **閉じる** 닫히다, 닫다

11 知る 알다
彼ら付き合ってるって。ぜんぜん
知らなかったよ。

12 作る 만들다
　劉 **育てる** 기르다, 키우다, 양성하다
　　加工する 가공하다

13 包む 휘감아 싸다, 감싸다
　劉 **くるむ** 휘감아 싸다, 감싸다
　　おおう (표면을)덮다
友達にあげるプレゼントをきれい
な紙に包んだ。

14 通る 지나가다, 통과하다
　劉 **行く** 가다
　　(〜が)過ぎる (〜이)지나가다
今、目の前をかっこいい男の人が
通った。

15 止（と）まる 멈다, 멈추다, 서다
題 やむ 멈다, 그치다

16 取（と）る 집다, 들다, 잡다, 쥐다
そこのお皿（さら）取（と）って。

17 泣（な）く 울다　題 悲（かな）しむ 슬퍼하다
そんなに泣（な）かないで。

18 話（はな）す 이야기하다
題 しゃべる 지껄이다, 수다 떨다

19 太（ふと）る 살찌다　題 肥（こ）える 살찌다
最近（さいきん）、太（ふと）った？

20 曲（ま）がる 구부러지다, 돌다
題 ゆがむ 비뚤어지다, 뒤틀리다
　　うねる 꾸불거리다
背中（せなか）が曲（ま）がってるわよ。

21 見（み）せる 보이다, 내보이다

22 見（み）る 보다
題 眺（なが）める 응시하다, 조망하다, 바라보다
ここから外（そと）の景色（けしき）を見（み）るときれい
だよ。

23 歌（うた）う 노래하다
題 口（くち）ずさむ 읊조리다, 흥얼거리다

24 落（お）ちる 떨어지다
題 すべり落（お）ちる 미끄러 떨어지다
上（うえ）に置（お）いてあったバケツが下（した）に
落（お）ちた。

25 探（さが）す 찾다　題 調（しら）べる 조사하다

26 建（た）てる 세우다, 짓다
将来（しょうらい）は自分（じぶん）の家（いえ）を建（た）てたい。

27 続（つづ）ける 계속하다

28 撮（と）る (사진을)찍다
先（さき）に写真（しゃしん）撮（と）ってもいい？

29 習（なら）う 배우다　題 学（まな）ぶ 배우다

30 慣（な）れる 익숙해지다, 길들다
新（あたら）しい生活（せいかつ）に慣（な）れてきた。

31 焼（や）く 태우다, 굽다

32 汚（よご）れる 더러워지다, 때묻다

33 渡（わた）る 건너다　題 横断（おうだん）する 횡단하다

34 笑（わら）う 웃다　題 ほほえむ 미소짓다
どんな時（とき）も彼女（かのじょ）はいつも笑（わら）って
いる。

35 驚<ruby>驚<rt>おどろ</rt></ruby>く 놀라다, 경악하다

㉊ びっくりする 깜짝 놀라다

<ruby>急<rt>きゅう</rt></ruby>に<ruby>後<rt>うし</rt></ruby>ろから<ruby>声<rt>こえ</rt></ruby>を<ruby>掛<rt>か</rt></ruby>けられると<ruby>驚<rt>おどろ</rt></ruby>くじゃない。

36 <ruby>頼<rt>たの</rt></ruby>む 부탁하다

㉊ <ruby>願<rt>ねが</rt></ruby>う 원하다, 바라다

<ruby>私<rt>わたし</rt></ruby>は<ruby>後輩<rt>こうはい</rt></ruby>に<ruby>大事<rt>だいじ</rt></ruby>な<ruby>仕事<rt>しごと</rt></ruby>を<ruby>頼<rt>たの</rt></ruby>んだ。

37 <ruby>塗<rt>ぬ</rt></ruby>る 칠하다, 바르다

このベンチには<ruby>白<rt>しろ</rt></ruby>いペンキが<ruby>塗<rt>ぬ</rt></ruby>ってある。

38 <ruby>寝<rt>ね</rt></ruby>る 자다

㉊ <ruby>横<rt>よこ</rt></ruby>になる 눕다, 자다

<ruby>昨日<rt>きのう</rt></ruby>は<ruby>仕事<rt>しごと</rt></ruby>が<ruby>休<rt>やす</rt></ruby>みだったのでいっぱい<ruby>寝<rt>ね</rt></ruby>た。

ちょっとお<ruby>腹<rt>なか</rt></ruby>が<ruby>痛<rt>いた</rt></ruby>いので<ruby>横<rt>よこ</rt></ruby>になりたいんだけど。

39 <ruby>踏<rt>ふ</rt></ruby>む 밟다

<ruby>電車<rt>でんしゃ</rt></ruby>の<ruby>中<rt>なか</rt></ruby>で<ruby>足<rt>あし</rt></ruby>を<ruby>踏<rt>ふ</rt></ruby>まれた。

40 <ruby>痩<rt>や</rt></ruby>せる 여위다, 마르다, 살이 빠지다

しばらく<ruby>見<rt>み</rt></ruby>ない<ruby>間<rt>あいだ</rt></ruby>に<ruby>痩<rt>や</rt></ruby>せたわね。

41 <ruby>揺<rt>ゆ</rt></ruby>れる 흔들리다, 요동하다

㉊ そよぐ (바람 등에)살랑거리다

ふらつく 흔들리다, 비틀거리다

<ruby>迷<rt>まよ</rt></ruby>う 망설이다, 갈피를 못잡다

<ruby>彼<rt>かれ</rt></ruby>の<ruby>言葉<rt>ことば</rt></ruby>に<ruby>私<rt>わたし</rt></ruby>の<ruby>心<rt>こころ</rt></ruby>が<ruby>揺<rt>ゆ</rt></ruby>れた。

<ruby>病気<rt>びょうき</rt></ruby>のせいで<ruby>体<rt>からだ</rt></ruby>がふらつく。

問題1 ＿＿＿＿のことばの読み方として最もよいものを、1・2・3・4から一つえらびなさい。

1 新しく始まった月曜日のドラマ<u>見</u>てる？

1 しっ　　　　　2 み　　　　　　3 たべ　　　　　4 とっ

2 大学に入って2週間<ruby>経<rt>た</rt></ruby>ち、だんだん大学生活にも<u>慣</u>れてきた。

1 おくられて　　2 はなれて　　　3 ゆれて　　　　4 なれて

3 彼女が<u>笑</u>っていると僕はそれだけで<ruby>幸<rt>しあわ</rt></ruby>せだ。

1 わらって　　　2 しかって　　　3 まがって　　　4 うたって

4 <ruby>日<rt>ひ</rt></ruby><ruby>焼<rt>や</rt></ruby>け<ruby>止<rt>ど</rt></ruby>めクリーム<u>塗</u>った？

1 さすった　　　2 ぬった　　　　3 わたった　　　4 しった

5 彼女の<u>歌</u>う声はとても美しい。

1 わらう　　　　2 ならう　　　　3 うたう　　　　4 はらう

6 そこにもうすぐ新しいビルが建つのを初めて<u>知</u>った。

1 とった　　　　2 うった　　　　3 しった　　　　4 いった

7 今度の土曜日、一緒に海に<u>行</u>く？

1 いく　　　　　2 かく　　　　　3 なく　　　　　4 しく

8 この電車は景色を見せるために途中で<u>止</u>まる。

1 きまる　　　　2 しずまる　　　3 とまる　　　　4 はまる

問題2 ＿＿＿＿＿のことばを漢字で書くとき、最もよいものを１・２・３・４から一つえらびなさい。

1 やせるために一生懸命運動した。

  1 痩せる   2 見せる   3 焦る   4 着せる

2 さがし物は見つかりましたか？

  1 祭し   2 接し   3 深し   4 探し

3 雨が降って床がよごれたので掃除した。

  1 泣れた   2 売れた   3 焼れた   4 汚れた

4 毎月３万円ずつ親にお金をおくっている。

  1 売って   2 走って   3 送って   4 願って

5 今日でお店をしめることにした。

  1 閉める   2 占める   3 湿る   4 染める

6 ガムは紙につつんで捨ててください。

  1 挟んで   2 包んで   3 飛んで   4 励んで

7 銀行の前をとおって学校に行く。

  1 折って   2 焦って   3 通って   4 作って

8 彼女をしる人はこの会社には一人もいない。

  1 知る   2 寝る   3 塗る   4 売る

問題3（　　　）に入れるのに最もよいものを、1・2・3・4から一つえらびなさい。

1 角を（　　　）スーパーがあるよ。

1 降りたら　　　　2 曲がったら　　　　3 遊んだら　　　　4 見せたら

2 その橋を（　　　）と目的地に着くよ。

1 渡る　　　　2 食べる　　　　3 止まる　　　　4 売る

3 彼女の誕生日に手紙を（　　　）。

1 書いた　　　　2 着た　　　　3 建てた　　　　4 続けた

4 発表の順番は明日の朝に（　　　）。

1 太ります　　　　2 曲がります　　　　3 焼きます　　　　4 言います

5 田中さんは10年後におしゃれな家を（　　　）と言っていた。

1 包む　　　　2 歌う　　　　3 建てる　　　　4 折る

6 僕が（　　　）仕事はもう終わった？

1 曲げた　　　　2 痩せた　　　　3 知った　　　　4 頼んだ

7 明日は彼女に（　　　）約束をしている。

1 着る　　　　2 会う　　　　3 撮る　　　　4 驚く

8 君に（　　　）ものがあるんだけど、今ちょっといいかな。

1 見たい　　　　2 見せたい　　　　3 折りたい　　　　4 笑いたい

 ＿＿＿＿に意味が最も近いものを、１・２・３・４から一つえらびなさい。

1 彼女の<u>悲しむ</u>顔は見たくない。

1 笑う　　　　　2 泣く　　　　　3 怒る　　　　　4 怒鳴る

2 私が一生懸命<u>育てた</u>ぶどうを食べてみてください。

1 書いた　　　　2 買った　　　　3 食べた　　　　4 作った

3 ある日突然、100本のバラが家に送られてきたので<u>びっくりした</u>。

1 怒った　　　　2 泣いた　　　　3 叫んだ　　　　4 驚いた

4 遊園地の乗り物は<u>すべり落ちない</u>ように安全ベルトがついている。

1 落ちない　　　2 飛ばない　　　3 走らない　　　4 歩かない

5 ダイエットをしているのに最近<u>太った</u>んじゃないかと言われた。

1 痩せた　　　　2 肥えた　　　　3 細くなった　　　4 成長した

6 彼女は自分の話を1時間ずっと<u>しゃべって</u>いた。

1 食べて　　　　2 話して　　　　3 歌って　　　　4 書いて

7 新しい技術を<u>学んで</u>みたい。

1 待って　　　　2 運んで　　　　3 習って　　　　4 踊って

8 <u>あわてて</u>家を出たら忘れ物をした。

1 急いで　　　　2 飲み込んで　　　3 笑って　　　　4 合わせて

問題5 つぎのことばの使い方として最もよいものを、一つえらびなさい。

1 売る

1 今から写真を売りますよ、カメラを見てくださいね。
2 ダイエットの結果、３キロ売れました。
3 家でカレーを売ったから食べてみて。
4 自分で焼いたクッキーをフリーマーケットで売った。

2 踏む

1 明日は家でゆっくり踏めるから今日は遅く寝ても大丈夫だ。
2 このペダルを踏むと前に進みます。
3 サッカーはボールを足で踏んで遊ぶゲームだよ。
4 お金を払おうと財布を踏んだが見つからない。

3 撮る

1 面白いゲームを撮ったんだけど対戦しない？
2 写真をきれいに撮る方法（ほうほう）があれば教えてください。
3 社長に撮られた品物を買ってきましたよ。
4 いいホテルは予約を撮るのも難しい。

01 合う 일치하다, 맞다

足の形に合ったくつを選ぶ。

社長とは意見が合わない。

02 値する (「…に～」의 꼴로) ～할 가치가 있다, ～할 만하다

類 **価値がある** 가치가 있다

03 与える (물건 등을)주다, (영향을)주다, 부여하다

類 **あげる** 주다 **やる** 주다

04 当てる 대다, 얹다, 맞히다, 명중시키다, 알아맞히다

類 **ぶつける** 부딪치다

ボールをラケットの真ん中に当てる。

答えを当ててごらん。

05 合わせる 합치다, 마주하게 하다, 맞추다, 일치시키다, 대조하다

ふたりで話を合わせる。

1と2を合わせると3になる。

06 動かす 움직이다

類 **移す** 옮기다

彼の言葉が心を動かした。

机の上のものはどこにも動かさないでね。

07 移す 옮기다, 이동하다

類 **運ぶ** 옮기다 **変える** 바꾸다

東京に事務所を移す。

風邪を移す。

08 訪れる 찾아오다, 방문하다

類 **訪問する** 방문하다 **やってくる** 찾아오다

有名なお寺を訪れる。

よい機会が訪れる。

09 帰す 돌려보내다, 돌아가게 하다

病気の生徒を家に帰す。

10 かわいがる 귀여워하다

類 **大事にする** 소중히 하다

本当の子どものようにかわいがる。

11 着せる (옷을)입히다, 뒤집어씌우다, 전가하다

12 切れる 베어지다, (칼이)들다, 끊어지다

ナイフで手が切れた。

テレビの電源が切れる。

13 くっつく 달라붙다

類 **ひっつく** 들러붙다

髪の毛にガムがくっついてとれない。

14 志す 뜻을 두다, 지망하다

類 **目指す** 목표로 하다 **望む** 바라다, 희망하다 **夢見る** 마음에 그리다, 꿈꾸다

音楽家を志してドイツへ渡る。

15 転ぶ〔ころ〕 쓰러지다, 넘어지다, 뒹굴다, 구르다
圏 こける 넘어지다　倒れる〔たお〕 쓰러지다

16 支える〔ささ〕 받치다, 유지하다
圏 助ける〔たす〕 돕다

17 支払う〔しはら〕 지불하다, 치르다
圏 払う〔はら〕 지불하다

18 示す〔しめ〕 (분명하게)보여 주다, 가리키다,
(뜻·마음을)나타내다
圏 表す〔あらわ〕 나타내다　見せる〔み〕 보이다
合格は〇で、不合格は×で示して
あります。
見本を示す。〔みほん〕〔しめ〕

19 信じる・信ずる〔しん〕〔しん〕 믿다
私は彼が正しいと信じている。〔わたし〕〔かれ〕〔ただ〕〔しん〕

20 過ごす〔す〕 (시간을)보내다
圏 送る〔おく〕 보내다
お正月は家族と一緒に過ごす人が〔しょうがつ〕〔かぞく〕〔いっしょ〕〔す〕〔ひと〕
多い。〔おお〕

21 助ける〔たす〕 구조하다, 살리다, 돕다, 거들다
圏 救う〔すく〕 구하다
川に落ちた子どもを助ける。〔かわ〕〔お〕〔こ〕〔たす〕

22 付く〔つ〕 붙다
コーヒーを頼んだらお菓子が付い〔たの〕〔かし〕〔つ〕
てきた。

23 着く〔つ〕 도착하다
駅に着いたら電話してください。〔えき〕〔つ〕〔でんわ〕

24 就く〔つ〕 취업하다
子供の頃になりたかった職業に就〔こども〕〔ころ〕〔しょくぎょう〕〔つ〕
いた。

25 点く〔つ〕 켜지다
そのスイッチを押すと電気が点き〔お〕〔でんき〕〔つ〕
ます。

26 伝わる〔つた〕 전해지다, 전승되다, 전해오다, 널리 퍼지다
圏 残る〔のこ〕 남다, (나중까지)이어지다
受けつぐ〔う〕 계승하다, 이어받다
この技術は1000年前に中国から〔ぎじゅつ〕〔ねんまえ〕〔ちゅうごく〕
日本に伝わった。〔にほん〕〔つた〕
日本に伝わる昔話を紹介する。〔にほん〕〔つた〕〔むかしばなし〕〔しょうかい〕

27 出会う・出合う〔であ〕〔であ〕 우연히 만나다,
우연히 마주치다
圏 知り合う〔し〕〔あ〕 서로 알다

28 手伝う〔てつだ〕 돕다, 거들다　圏 助ける〔たす〕 돕다
バスから降りるおばあさんを手伝〔お〕〔てつだ〕
う。

29 流す〔なが〕 흘리다, 물로 씻어 내다, 흘려 보내다, 떠내려
보내다, 퍼뜨리다, (행사 따위를)취소하다

30 はく (하의를)입다
ズボンをはく。

31 へる (배가)고프다
圏 空く〔す〕 (속이)비다, 공복이 되다
腹がへった。〔はら〕

32 回す 돌리다, 두르다, 차례로 돌리다(보내다)

ルーレットを回して順番を決める。

メールで連絡を回してください。

33 戻す 되돌리다, 돌려주다

類 返す 되돌려 주다

34 求める 구하다, 찾다

類 要求する 요구하다
望む 바라다
探す 찾다

35 写す 베끼다, 복사하다, 묘사하다

類 書き取る 받아쓰다, 베껴쓰다
撮影する 촬영하다

友達にノートを借りて、写す。

写真を写す。

36 映る (반사나 투영에 의해)나타나다

類 現われる 나타나다

テレビが映らない。

鏡にはつかれた自分の顔が映っている。

37 育つ 자라다, 성장하다

類 大きくなる 크다, 자라다

成長する 성장하다

私は田舎の小さな村で育った。

38 上る・登る 위쪽으로 가다, 오르다, 상경하다, 지위가 높아지다, 다루어지다

類 上がる 오르다

小さいころはよく木に登って遊んだ。

コンサートには5000人に上る人々が集まった。

39 果たす 완수하다, 이행하다

類 終える 끝내다

40 任す 맡기다

類 任せる 맡기다　預ける 맡기다, 보관하다

旅行する間、犬を友達に任せた。

力に任せてドアを開ける。

41 乱す 흩뜨리다, 어지럽게 하다

類 混乱させる 혼란시키다
妨げる 방해하다
じゃまする 방해하다

会場に集まった人の多さを見て、心を乱す。

42 許す 용서하다, 허락하다, 면제하다

類 認める 인정하다

父が姉の結婚をやっと許した。

43 汚す 더럽히다

44 改まる 고쳐지다, 바뀌다, 정색하다, 격식을 차리다
類 **新しくなる** 새롭게 되다
変わる 바뀌다　**良くなる** 좋아지다

昨日で年が改まった。
改まった言葉を使う必要はない。

45 傾ける 기울이다, 비스듬히 하다, 집중하다
類 **斜めにする** 기울이다
集中する 집중하다

仕事に全力を傾ける。
日本では体を前に傾けてあいさつをする。

46 転がす 굴리다, 넘어뜨리다　類 **回す** 돌리다

坂の上から石を転がす。

47 差す 비치다, 쓰다

窓から日が差す。/ かさを差す。

48 指す 가리키다

おじいさんの指す方向に行ったが、道が違っていた。

49 挿す 넣다, 꽂다

花瓶に花を挿した。

50 注す 부어넣다

目薬を注す。

51 射す 비치다

この部屋には光がよく射す。

52 通す (어떤 지점을)통과시키다, (법안을)통과시키다, 의결하다, 꿰다

部屋に風を通す。
朝ごはんを食べながら、新聞に目を通す。

53 閉じる 닫다, (회의 따위가)끝나다
類 **閉める** 닫다　**やめる** 그만두다
終わる 끝나다

口を閉じてご飯を食べなさい。
会は6時に閉じる予定だ。

54 冷やす 식히다, 차게 하다, 진정시키다, (간담을)서늘케 하다

お腹を冷やすと痛くなる。
少し、頭を冷やして来たら？

55 深める 깊게 하다, 정도를 높이다

この本を読めば日本の文化について理解を深めることができる。

56 老ける 늙다, 나이를 먹다
類 **年を取る** 나이를 먹다

57 丸める 둥글게 하다

紙を丸めて捨てる。

58 和らげる 누그러뜨리다, 완화하다

音楽を聴いて緊張を和らげる。

問題1 _______ のことばの読み方として最もよいものを、1・2・3・4から
一つえらびなさい。

1 道で転んで足をけがした。

　1 よろこんで　　2 てんで　　　　3 ころんで　　　4 つつんで

2 食事代をカードで支払う。

　1 はらう　　　2 さはらう　　　3 みならう　　　4 しはらう

3 大事な仕事を田中さんに任せた。

　1 まかせた　　2 なかせた　　　3 にせた　　　　4 にんせた

4 話をしている途中に電話が切れた。

　1 こわれた　　2 きれた　　　　3 とれた　　　　4 せつれた

5 料理をなべからお皿に移す。

　1 ながす　　　2 うつす　　　　3 おこす　　　　4 ためす

6 すいかを冷蔵庫に入れて冷やす。

　1 いやす　　　2 れいやす　　　3 さやす　　　　4 ひやす

7 楽しい夏休みを過ごす。

　1 かごす　　　2 すごす　　　　3 にごす　　　　4 のごす

8 子供が元気に育つ。

　1 はなつ　　　2 いくつ　　　　3 めだつ　　　　4 そだつ

問題2 ＿＿＿＿＿のことばを漢字で書くとき、最もよいものを 1・2・3・4から一つえらびなさい。

1 人形に服を<u>きせて</u>遊ぶ。

1 着せて　　　　2 来せて　　　　3 切せて　　　　4 帰せて

2 読んだ本を本だなに<u>もどして</u>ください。

1 返して　　　　2 元して　　　　3 戻して　　　　4 回して

3 山田さんは何があっても約束を<u>はたす</u>人だ。

1 畑す　　　　2 果たす　　　　3 守す　　　　4 話す

4 あの人はまだ40歳なのに<u>ふけて</u>見える。

1 深けて　　　　2 吹けて　　　　3 老けて　　　　4 服けて

5 友達の言葉を<u>しんじて</u>付いて行った。

1 親じて　　　　2 新じて　　　　3 心じて　　　　4 信じて

6 一生懸命すれば、必ず気持ちは<u>つたわる</u>ものだ。

1 伝わる　　　　2 通わる　　　　3 支わる　　　　4 定わる

7 汗を<u>ながし</u>ながら駅まで走っていった。

1 長し　　　　2 流し　　　　3 名がし　　　　4 下し

8 靴の中で足の指を<u>うごかして</u>みた。

1 助かして　　　　2 転かして　　　　3 動かして　　　　4 返かして

問題3（　　　）に入れるのに最もよいものを、1・2・3・4から一つえらびなさい。

1 右と左の手のひらを（　　　）。

1 並べる　　　　2 集める　　　　3 合わせる　　　　4 移す

2 困(こま)っている人がいれば、（　　　）あげなくてはいけない。

1 助けて　　　　2 返して　　　　3 起こして　　　　4 怒(おこ)って

3 最近(さいきん)はズボンを（　　　）女性が多くなった。

1 着る　　　　2 かぶる　　　　3 着せる　　　　4 はく

4 プリントを読み終わったら、次の人に（　　　）ください。

1 戻して　　　　2 回して　　　　3 任して　　　　4 移して

5 さっき昼ごはんを食べたばかりなのに、もうおなかが（　　　）。

1 冷えた　　　　2 動いた　　　　3 へった　　　　4 乱れた

6 この場所でふたりは初めて（　　　）。

1 出会った　　　　2 当てた　　　　3 帰った　　　　4 手伝った

7 黒板(こくばん)に書いてあることをそのままノートに（　　　）。

1 移す　　　　2 流す　　　　3 動かす　　　　4 写す

8 先生の話に耳を（　　　）。

1 通す　　　　2 合わせる　　　　3 運ぶ　　　　4 傾ける

問題4 ＿＿＿＿に意味が最も近いものを、１・２・３・４から一つえらびなさい。

1 水を<u>求めて</u>砂漠（さばく）を歩き回る。

　　1 与えて　　　　2 なくして　　　　3 さがして　　　　4 忘れて

2 お客が来ないので店を<u>閉じた</u>。

　　1 始めた　　　　2 やめた　　　　3 休んだ　　　　4 戻した

3 医者を<u>志して</u>、毎日一生懸命（いっしょうけんめい）に勉強する。

　　1 目指（めざ）して　　　2 眺（なが）めて　　　3 まねして　　　4 無視（むし）して

4 授業中（じゅぎょうちゅう）におしゃべりをして授業を<u>乱す</u>。

　　1 終わらせる　　　2 じゃまする　　　3 楽しむ　　　4 始める

5 入り口で学生証を<u>示す</u>（しょう）とチケットを安く買うことができる。

　　1 見せる　　　　2 言う　　　　3 作る　　　　4 あげる

6 大好きな歌手（かしゅ）に会う機会が<u>訪れた</u>。

　　1 行った　　　　2 なくなった　　　　3 やってきた　　　　4 増えた

7 窓（まど）に自分の顔が<u>映っている</u>。
　　1 現（あら）われている　　2 笑（わら）っている　　　3 変わっている　　　4 流れている

8 その友達はどんな時も私を<u>支えて</u>くれた。

　　1 教えて　　　　2 連れて行って　　　3 起こして　　　4 助けて

1 値する

1 コーヒーは1杯300円に値する。

2 この方（かた）は私の父に値する人だ。

3 この本は読むに値する。

4 どの服が私に値しますか。

2 和らげる

1 歯が痛いので和らげる肉しか食べられない。

2 試合（しあい）の前には軽い運動をして体を和らげるのがよい。

3 もう少し頭を和らげて考えてみましょう。

4 痛（いた）みを和らげる薬を飲んだ。

3 与える

1 友達にプレゼントを与えた。

2 毎朝、花に水を与える。

3 先生に質問を与えた。

4 母がいないので、私が妹にお昼ご飯を与えた。

01 歩き回る 돌아다니다
観光地をあちこち歩き回って疲れた。

02 言い始める 말하기 시작하다
細かいことを言い始めるときりがない。

03 受け入れる 받아들이다
類 迎える 맞이하다, 맞아들이다
許す 허락하다, 허용하다
彼女の意見を受け入れた。

04 持つ 맡다, 담당하다
類 担当する 담당하다
扱う 일을 맡다, 처리하다, 담당하다

05 選び取る 골라 잡다
類 取り上げる 집어들다, 채택하다
取り出す 끄집어내다, 골라내다

06 押さえ込む (눌러)꼼짝 못하게 하다
類 抑え付ける 억누르다
近くにいた男性が犯人を押さえ込んだ。

07 押し入れる (눌러)넣다
類 押し込む 억지로 밀어 넣다, 처넣다

08 教え込む 충분히 가르치다
類 育てる 키우다, 양육하다, 가르치다
訓練する 훈련하다

09 思い出す 생각해 내다, 생각나다

10 買い換える・買い替える
새로 사서 바꾸다

11 書き写す 베껴 쓰다, 모사하다
先生が書いたものをノートに書き写す。

12 書き留める 적어 두다, 기록으로 남기다

13 考え直す 다시 생각하다, 재고하다
もう一度、考え直してみたらどう？

14 調べ上げる 철저하게 조사하다

15 飛び乗る 뛰어오르다, 뛰어 올라타다

16 取り置く 남겨 두다, 챙겨 두다

17 取り決める 정하다, 결정하다
類 契約する 계약하다

18 取り出す 꺼내다, 끄집어내다
彼はいきなりカバンからパンを取り出して食べた。

19 走り出す 달리기 시작하다
類 進む 나아가다, 전진하다
始まる 시작되다

20 拾い集める 주워 모으다
(類) 収穫する 수확하다

道に落ちているゴミを拾い集める。

21 吹き飛ぶ 바람에 날리다

洗濯物が風で吹き飛んだ。

22 降り出す (비, 눈이)내리기 시작하다
(類) 降る (비, 눈이)내리다

23 舞い上がる (춤추듯 너울거리며)날아 올라가다
(類) 大喜びする 매우 기뻐하다

24 見比べる 견주어 보다, 비교해 보다
(類) 比べる 비교하다
比較する 비교하다

25 見捨てる 내버려 둔 채 돌보지 않다, 버리다
(類) 放置する 방치하다
捨てる 버리다

彼女は彼を見捨てた。

26 見渡す 멀리까지 널리 바라보다, 조망하다
(類) 眺める 조망하다

山の上から景色を見渡した。

27 打ち壊す 때려부수다

28 思い切る 단념하다, 체념하다, 결심하다
(類) あきらめる 포기하다
決心する 결심하다
いさぎよい 단념이 빠르다

お金が足りず、大学に行くのを思い切る。

思い切って髪の毛を短く切ってみた。

29 着飾る (화려하게)옷을 차려입다
(類) おしゃれする 멋을 부리다

30 心躍る 마음이 설레다
(類) わくわくする 두근두근하다

心躍るような恋がしたい。

31 通り過ぎる 지나가다
(類) 横切る 가로지르다, 횡단하다

その店ならさっき通り過ぎたんじゃない？

32 飛び移る 날거나 뛰어올라 다른 곳으로 옮기다
(類) 乗り移る 갈아 타다, 바꿔 타다

33 盗み取る 훔쳐내다, 훔쳐 내 것으로 하다

新しい技術をこっそり人から盗み取る。

34 飲み込む 삼키다, 이해하다
  (類) 理解する 이해하다
彼は仕事の飲み込みが早い。

35 巻き起こす 뜻밖의 일을 일으키다
  (類) 引き起こす 발생시키다, 야기하다
    起こす 일으키다
    呼ぶ 불러 일으키다, 야기하다
そんなものがブームを巻き起こすとは思っていなかった。

36 迎え入れる 맞아들이다, 받아들이다
  (類) 受け入れる 받아들이다
捨てられた犬を迎え入れた。

39 連れ去る 다른 곳으로 데려가다
  (類) 連れて行く 데리고 가다
子どもを連れ去った犯人がつかまった。

40 引きこもる 틀어 박히다
彼は家に引きこもってずっとゲームをしている。

41 振り落とす 흔들어 떨어뜨리다
  (類) 振り切る 뿌리치다, 거절하다

42 放り投げる 멀리 던지다, 내던지다
  (類) 投げる 던지다

만점용 어휘

37 受けて立つ (상대방의 도전 등에 맞서)대항하다
  (類) 応じる 응하다, 호응하다
    戦う 싸우다, 경쟁하다
その試合、受けて立とうじゃないか。

38 移り変わる 변천하다, 변하여 달라지다
  (類) 変化する 변화하다
季節が夏から秋へ移り変わる。

問題1 ＿＿＿＿のことばの読み方として最もよいものを、1・2・3・4から一つえらびなさい。

---

1 会社で新しい人に仕事を<u>教え込む</u>。

1 ささえこむ　　2 おしえこむ　　3 おさえこむ　　4 おしえにこむ

2 明日のパーティーに<u>心躍る</u>。

1 こころはねる　2 こころかわる　　3 こころおどる　　4 こころなる

3 最終の電車に<u>飛び乗ったら</u>乗る方向を間違えていた。

1 とびのったら　2 とびたったら　　3 とびきったら　　4 とびうつったら

4 息子が部屋に<u>引き</u>こもって出てこない。

1 かき　　　　　2 いき　　　　　3 ふき　　　　　4 ひき

5 知らない単語はノートに<u>書き留める</u>ようにしている。

1 ふきあつめる　2 かきやめる　　3 えがきとめる　　4 かきとめる

6 留学する国の食べ物や住むところを明日までに<u>調べ上げる</u>。

1 たべあげる　　2 しらべあげる　　3 くらべあげる　　4 しらべさげる

7 遅い車が渋滞を<u>巻き起こす</u>。

1 まきおこす　　2 かきおこす　　3 つなぎおこす　　4 つきおこす

8 パソコンからデータを<u>取り出す</u>。

1 とりのこす　　2 とりだす　　　3 とりこわす　　4 とりなおす

問題2 _______のことばを漢字で書くとき、最もよいものを１・２・３・４から一つえらびなさい。

1 今回は具体的な条件等を<u>とりきめて</u>から進めていきたい。

1 鳥決めて　　2 取り決めて　　3 撮り決めて　　4 取り極めて

2 隣の家の人は二階の窓からごみを<u>ほうりなげる</u>。

1 振り投げる　　2 放り上げる　　3 倣り投げる　　4 放り投げる

3 会社のお金を<u>ぬすみとる</u>なんて信(しん)じられない。

1 痛み取る　　2 夢み取る　　3 盗み取る　　4 飲み取る

4 彼女を嫁(よめ)として<u>むかえいれる</u>。

1 迎え入れる　　2 抑え入れる　　3 捉え入れる　　4 向え入れる

5 彼女の笑顔を見たら疲れが<u>ふきとんだ</u>。

1 吹き飛んだ　　2 塞き飛んだ　　3 拭き飛んだ　　4 歩き飛んだ

6 さっき止んだ雨がまた<u>ふりだした</u>。

1 放り出した　　2 降り出した　　3 障り出した　　4 振り出した

7 自分には人生を<u>かんがえなおす</u>時間がまだまだ沢山ある。

1 捉え直す　　2 生え直す　　3 教え直す　　4 考え直す

8 小学校の時の卒業アルバムを見て誰かを<u>おもいだした</u>。

1 思い出した　　2 言い回した　　3 舞い出した　　4 見い出した

 （　　　　）に入れるのに最もよいものを、１・２・３・４から一つえらび
なさい。

1 妻は家を出て子どもを（　　　　）。

1 連れ立った　　　2 連れ添った　　　　3 連れ合った　　　4 連れ去った

2 美しい女性が目の前を（　　　　）。

1 心躍った　　　2 受けて立った　　　3 受け入れた　　　4 通り過ぎた

3 古いビルを（　　　）新しく建て直すそうだ。

1 放り投げて　　　2 打ち壊して　　　3 押し入れて　　　4 飛び乗って

4 友達に教えてもらったレシピをノートに（　　　）。

1 書き写した　　　2 言い始めた　　　3 着飾った　　　4 飛び移った

5 口に出すのを（　　　）とストレスがたまる。

1 連れ去る　　　2 受け持つ　　　3 押さえ込む　　　4 移り変わる

6 沢山ある中から好きなものを（　　　）。

1 押し入れる　　　2 選び取る　　　3 思い切る　　　4 受け入れる

7 来月から私が英語の授業を（　　　）ことになりました。

1 拾い集める　　　2 受け持つ　　　3 飲み込む　　　4 盗み取る

8 夢に向かって（　　　）きっかけをつかんでほしい。

1 走り去る　　　2 走り込む　　　3 押し入れる　　　4 走り出す

問題4  ＿＿＿＿に意味が最も近いものを、１・２・３・４から一つえらびなさい。

1 たまにはおしゃれしてデートするのもいいね。

　１ 考え直して　　　２ 着飾って　　　　　３ 変化して　　　　　４ 心躍って

2 前から欲しかった車をいさぎよく買った。

　１ 吹き飛ばして　２ 受け入れて　　　　３ 思い切って　　　　４ 取り置いて

3 同じ品物でも値段が違う時は色や形などを比べてから買う。

　１ 書き写して　　　２ 見取って　　　　３ 言い始めて　　　　４ 見比べて

4 窓を開けて外を眺めるといつの間にか雪が降っていた。

　１ 見渡す　　　　　２ 見つめる　　　　３ 見比べる　　　　　４ 見捨てる

5 次の企画が始まると忙しくなるよ。

　１ 走り去る　　　　２ 走り出す　　　　３ 引きこもる　　　　４ 移り変わる

6 そっちがその気なら応じるよ。

　１ 打ち壊す　　　　２ 受け持つ　　　　３ 受けて立つ　　　　４ 考え直す

7 新しい家族を迎える心の準備が必要だ。

　１ 調べ上げる　　　２ 歩き回る　　　　３ 舞い上がる　　　　４ 受け入れる

8 三年前の試験で合格の通知を見て大喜びした記憶がある。

　１ 舞い落ちた　　　２ 巻き起こした　　３ 舞い上がった　　　４ 拾い上げた

1　飲み込む

1　肉をワインに飲み込むから柔らかくなっておいしい。

2　薬を飲むときは水と一緒に飲み込んでください。

3　知らない道だと時々飲み込むことがあるから不安だ。

4　一年分まとめて飲み込むと少し安くなるみたいよ。

2　買い換える

1　デートの計画を買い換えてごめんね。

2　今の車が10年経ったら新しい車に買い換えよう。

3　犬に芸を買い換えたらやっとおぼえてくれた。

4　勉強を途中で買い換えるなんてだめよ。

3　移り変わる

1　この仕事をどう分けるか次の会議で移り変わろう。

2　バスが来たので急いで移り変わった。

3　何かのきっかけで彼女の気持ちが移り変わった。

4　子どもが食事中に移り変わるので困っています。

01 **あてはめる** 꼭 들어맞게 하다, 적용시키다
類 **適用する** 적용하다

この方法をすべての場合に**あてはめる**ことはできない。

02 **言い出す** 말을 꺼내다, 말을 시작하다
類 **提案する** 제안하다

彼が最初に海に行こうと**言い出した**。

03 **打ち合わせる** 맞부딪치다, 미리 상의(의논)하다
類 **相談する** 상담하다
話し合う 서로 이야기하다

04 **打ち消す** 부정하다, 지우다
類 **否定する** 부정하다　**消す** 지우다

その歌手はもうすぐ結婚するといううわさを**打ち消した**。

電車の音が彼の声を**打ち消して**、何を言っているかわからなかった。

05 **折り返す** (반대로)접어 넣다, 반복하다, 되돌아오다
類 **引き返す** 반복하다, 되풀이하다
戻る 되돌아가다

この電車は次の駅で**折り返す**。

みんなの意見を聞いてから**折り返し**お電話します。

06 **気を付ける** 조심하다, 정신차리다
類 **注意する** 주의하다

07 **組み込む** 편성해 넣다, 짜 넣다, 편입시키다

08 **透き通る** 투명하다, 비쳐보이다, (목소리 따위가) 맑다
類 **透明だ** 투명하다

09 **付け加える** 덧붙이다, 부가하다
類 **加える** 더하다, 붙이다

説明を**付け加える**。

10 **溶け込む** 용해되다, 녹아들다, 어울려서 하나가 되다, 융화되다
類 **混ざる** 섞이다

砂糖は冷たい水にはなかなか**溶け込まない**。

彼女はすぐにクラスに**溶け込んだ**。

11 **成り立つ** 성립되다, (장사가)유지되다
類 **成立する** 성립하다
できる 성립되다

１週間話し合って、やっと契約が**成り立った**。

この町は観光で**成り立っている**。

12 **話し合う** 서로 이야기를 나누다, 의논하다
類 **相談する** 상담하다
議論する 논의하다, 토론하다

よく**話し合って**から答えを出そう。

13 **引き上げる** (位置・値・地位 등을)끌어올리다,
되돌아오다, 철수하다, 귀국하다

川でおぼれている子どもを引き上げた。

政府は来月からガスの料金を引き上げることにした。

用事があるので、今日は早めに引き上げよう。

14 **引き起こす** (쓰러진 것을)일으켜 세우다,
(사건・소동 등을)일으키다

（類）**起こす** 일으키다 **立てる** 세우다

けがをして倒れている人を引き起こす。

運転者の不注意がこの事故を引き起こした。

15 **引き下げる** (값・기준・지위 등을)끌어내리다,
낮추다, 뒤로 물리다, 물러나게 하
다, 취하(철회)하다

（類）**下げる** 내리다

16 **引きずる** 질질 끌다

ロングスカートをはいたときは、床に引きずらないように気をつけなさい。

17 **引き取る** 물러나다, 떠나다, 인수하다, 떠맡다,
(맡아서)돌보다, 숨을 거두다, 죽다

（類）**受け取る** 받다, 수취하다
世話する 돌보다

売れ残った品物を全部引き取った。

捨てられた子犬を引き取って育てることにした。

18 **引っ掻く** 할퀴다

弟が私の顔を引っ掻いて血が出た。

19 **引っ掛ける** 걸다, 걸치다, (속여서)걸려들게 하다
（類）**掛ける** 걸다

うそをついて友達を引っ掛けた。

かばんをドアのノブに引っ掛けておく。

20 **引っ込む** 틀어박히다. 쑥 들어가다

年を取って仕事をやめたら、都会から田舎に引っ込みたい。

ダイエットをして、お腹が少し引っ込んでから海に行こうと思う。

21 **放り出す** 내팽개치다
（類）**投げ出す** 내던지다

車の窓からゴミを放り出す。

勉強を放り出して遊びに行ってしまった。

22 **結び付ける** 잡아매다, 묶다, 결부시키다, 연결
시키다

（類）**つなぐ** 연결하다, 묶어 두다

風船が飛んでいかないように腕に結び付けた。

昨日習ったことと結び付けて考える。

23 **申し入れる** 제의하다, (의견을)표시하다

学生たちは先生に宿題を少なくするように申し入れた。

24 **申し込む** 신청하다

25 **申し出る** 신청하다, 신고하다, 요청하다

何人かの学生が先生の手伝いを申し出た。

26 **物語る** 이야기하다, (비유적으로)가리키다, 말해 주다

彼は事故がどのようにして起こったかを物語った。

おじいさんの顔にはたくさんしわがあり、今までの苦労を物語っていた。

27 **呼び止める** 불러 세우다

家に帰ろうとしていた友だちを呼び止める。

28 **差し支える** 지장이 있다, 지장을 주다

類 **じゃまする** 방해하다
妨げる 방해하다
都合が悪い 사정(형편)이 나쁘다

次の日の仕事に差し支えるのでお酒は週末にしか飲まない。

29 **差し引く** 공제하다, 빼다, 제하다

類 **引く** 빼다, 감하다, 깎다

30 **取り立てる** (강제로)거두다, 징수하다, 특별히 내세우다

取り立てて話し合う問題はない。

友だちに貸したお金を早く返すように取り立てた。

31 **取り次ぐ** 사이에 들어 한쪽 뜻을 다른 쪽에 전하다, 전화, 호출 등을 본인에게 전하다

32 **取り巻く** 에워싸다, 포위하다
類 **取り囲む** 둘러싸다, 에워싸다

私がお菓子を持っていたのでたくさんの子どもが私を取り巻いた。

33 **払い込む** 납부하다

最近は銀行に行かなくても、インターネットでお金を払い込むことができる。

34 書き取る 받아쓰다, 베껴쓰다
　㉝ **写す** 베끼다　**書く** 쓰다
　　メモする 메모하다
あなたの発音を書き取ることができません。

35 取り混ぜる (뒤)섞다, 혼합하다

36 飛び出す (갑자기)뛰어나오다, 뛰쳐나오다, 내밀다, 튀어나오다
寝坊をして急いで家を飛び出す。

37 引っ繰り返る 뒤집히다, 넘어지다, 쓰러지다, 역전되다
　㉝ **倒れる** 쓰러지다　**反転** 구름, 굴림, 뒤집힘
昨日のニュースで雪道で車が引っ繰り返っているのを見た。

38 放り込む (아무렇게나)집어 넣다, 쳐넣다
　㉝ **入れる** 넣다
　　投げ込む 던져 넣다
課長が近くにきたので急いでお菓子を口に放り込んだ。

39 結び付く 결부되다, 밀접한 관계를 갖다
　㉝ **つながる** 이어지다, 연결되다
小さなミスが事故や災害に結び付く。

40 目覚める 잠이 깨다, (본능 등이)싹트다, 눈뜨다, 깨어나다, 각성하다, 깨닫다
彼女は海外で外国人の友達ができてから語学の勉強に目覚めた。

41 指差す (손가락으로)가리키다

問題1 ________ のことばの読み方として最もよいものを、1・2・3・4から一つえらびなさい。

1 この水には砂糖が溶け込んでいます。

1 すけこんで　　2 つけこんで　　3 ふけこんで　　4 とけこんで

2 彼女は透き通ってきれいな声をもっている。

1 つきとおって　2 すきとおって　　3 ひきとおって　　4 ゆきとおって

3 スポーツには人の心と心を結び付ける力がある。

1 ゆびつける　　2 むすびつける　　3 けつびつける　　4 きちびつける

4 後ろから誰かが私を呼び止めた。

1 よびとめた　　2 よびやめた　　3 こびとめた　　4 こびやめた

5 彼が空港に着くと、すぐにたくさんの人が彼を取り巻いた。

1 しゅりまいた　2 とりついた　　3 とりまいた　　4 しゅりついた

6 遅くても明日までに電話代を払い込んでください。

1 ねがいこんで　2 はらいこんで　3 すいこんで　　4 ぬいこんで

7 もしもし、中村さんに取り次いでもらえますか？

1 とりついで　　2 とりじいで　　3 しゅりついで　　4 しゅりじいで

8 値段を150円まで引き下げる。

1 ひきかげる　　2 ひきあげる　　3 ひきさげる　　4 ひきくだげる

問題2 ＿＿＿＿＿＿のことばを漢字で書くとき、最もよいものを１・２・３・４から
一つえらびなさい。

1 昨日は早く寝たので、今朝は気持ちよく<u>めざめた</u>。

1 目冷めた　　　　2 眼覚めた　　　　3 眼冷めた　　　　4 目覚めた

2 日本では人を<u>ゆびさす</u>ことは失礼なことだ。

1 ゆび指す　　　　2 指差す　　　　3 指刺す　　　　4 ゆび注す

3 彼はうそをついたことを<u>うちけそう</u>とした。

1 内ち消そう　　　2 内ち気そう　　　3 打ち消そう　　　4 打ち気そう

4 大きさのちがう物を<u>とりまぜて</u>売る。

1 鳥交ぜて　　　　2 鳥混ぜて　　　　3 取り混ぜて　　　4 取り交ぜて

5 洗濯物を洗濯機へ<u>ほうりこむ</u>。

1 放り込む　　　　2 放り混む　　　　3 方り込む　　　　4 方り混む

6 京都には日本の歴史を<u>ものがたる</u>建物がたくさん残っている。

1 者語る　　　　　2 者形る　　　　　3 物語る　　　　　4 物形る

7 箱の重さは<u>さしひいて</u>３キロ以内までなら大丈夫です。

1 指し引いて　　　2 差し引いて　　　3 左し引いて　　　4 作し引いて

8 隣の家の人に、夜は静かにするように<u>もうしでた</u>。

1 目し出た　　　　2 申し出た　　　　3 望し出た　　　　4 毛し出た

問題3（　　　）に入れるのに最もよいものを、1・2・3・4から一つえらびなさい。

1 今までの自分の経験に（　　　）考える。

1 見て　　　　　　2 帰って　　　　　3 あてはめて　　　4 もって

2 痛そうに足を（　　　）歩く。

1 くっついて　　　2 ひっかけて　　　3 放り出して　　　4 引きずって

3 これからどうするかよく（　　　）決めよう。

1 話し合って　　　2 結び付けて　　　3 打ち合わせて　　4 気をつけて

4 彼は一度（　　　）と意見を変えようとしない。

1 走り出す　　　　2 考え出す　　　　3 言い出す　　　　4 思い出す

5 最後の5分で試合が（　　　）。

1 目覚めた　　　　2 成り立った　　　3 引き起こった　　4 ひっくり返った

6 何か（　　　）言うことはありますか？

1 組み込んで　　　2 付け加えて　　　3 引っかけて　　　4 くっつけて

7 小学校の授業に英語の授業を（　　　）。

1 放り込む　　　　2 考え込む　　　　3 組み込む　　　　4 話し込む

8 貸したお金を（　　　）。

1 払い込む　　　　2 引き上げる　　　　3 引き取る　　　　4 取り立てる

問題4 ＿＿＿＿＿＿に意味が最も近いものを、１・２・３・４から一つえらび
なさい。

1 転んだ子どもの手をとって引き起こした。
1 助けた　　　　2 立てた　　　　　3 叱った　　　　4 泣かせた

2 車に気をつけて道を渡りなさい。
1 興味をもって　2 見つめて　　　　3 続いて　　　　4 注意して

3 公園に行く途中、雨が降り始めたので折り返して来た。
1 走って　　　　2 急いで　　　　　3 戻って　　　　4 行って

4 明日の予定について打ち合わせる。
1 けんかする　　2 相談する　　　　3 考える　　　　4 練習する

5 自分が大切だと思うことだけ書き取ればよい。
1 メモすれば　　2 絵にすれば　　　3 コピーすれば　　4 聞き取れば

6 日本はたくさんの島から成り立っている。
1 助けられて　　2 集まって　　　　3 できて　　　　4 混ざって

7 差し支えなければ、名前も書いてください。
1 問題なければ　2 できれば　　　　3 知っていれば　　4 必要なければ

8 親のいない子どもを引き取って育てる。
1 紹介して　　　2 受け付けて　　　3 集めて　　　　4 世話して

問題5　つぎのことばの使い方として最もよいものを、一つえらびなさい。

1 引き上げる
1 落ちているゴミを引き上げる。
2 英語のテストの点が引き上がった。
3 今日はもう遅いから引き上げよう。
4 子どもの手を引き上げて歩く。

2 放り出す
1 途中で放り出さずに最後まで頑張りなさい。
2 ゴミは必ずゴミ箱に放り出してください。
3 旅行に要るものをノートに放り出した。
4 スカートから糸が放り出ている。

3 申し入れる
1 カードを作る場合は受付で申し入れてください。
2 もう一度考え直すように申し入れた。
3 仕事をやめる時には一ヶ月前には申し入れるのがよい。
4 変な人がいたら警察に申し入れてください。

01 あれこれ 이것 저것
⑳ いろいろ 여러 가지

このごろ、あれこれすることが多くていそがしい。

02 生き生き 생기가 넘치는, 활기찬
⑳ 元気だ 원기 있다, 건강하다

彼は絵を描いているとき、一番生き生きして見える。

03 いちいち 일일이, 하나하나
⑳ ひとつひとつ 하나하나 　全て 전부

いちいち私の意見を聞かなくてもいいよ。

04 何時か (과거의)언젠가, 전에, (미래의)언젠가, 조만간, 어느새, 어느 틈에

05 いつでも 언제라도

06 いっぱい 많음, 가득함
⑳ たっぷり 잔뜩, 듬뿍 　沢山 많음

サンプルをいっぱい付けてください。

07 いつまでも 언제까지나, 영원히
⑳ ずっと 줄곧, 훨씬

彼女はいつまでも手をふり続けていた。

08 未だ 아직(도) ⑳ まだ 아직

１ヶ月も前にメールを送ったのに、未だに返事が来ない。

09 いらいら 안절부절 못하는 모양, 조바심 내는 모양

レストランで料理がなかなか出て来ないのでいらいらする。

10 こうして 이렇게 해서
⑳ このようにして 이렇게 해서

こうして、私は映画会社で働くようになりました。

11 こんなに 이렇게

12 さすが 과연, (예상한대로)역시

13 さて 그런데, 그러면
⑳ ところで 그런데

さて、明日は何をしようか。

14 更に 그 위에, 거듭, 한층, 더욱
⑳ もっと 더욱 　一層 한층 더

15 実に 실로, 참으로
⑳ 本当に 정말로 　とても 매우

この料理は実においしい。

この教会が完成するまでに実に100年もかかった。

16 少しも 조금도, 전혀
類 全く 전혀　全然 전혀

17 そのまま 그대로, 즉시
聞いた話をそのまま友だちに話す。
ベッドに入るとそのまま寝てしまった。

18 たとえ 설령, 비록　類 もし 만약
たとえお菓子を買ってあげると言われても、知らない人について行ってはいけませんよ。

19 どう 어떻게, 아무리, 어때, 어때요
カレーをおいしく作るにはどうすればいいですか？
この服どう？ 私に似合う？

20 どんなに 얼마나, 아무리

21 なかなか 꽤, 상당히, 매우, 좀처럼

22 何で 어째서, 왜
類 どうして 왜　なぜ 왜

23 何とか (확실치 않을 때 하는 말) 뭐라고 하는, 뭐라던가, 어떻게든, 그럭저럭, 어떻게
大阪にある何とかというたこ焼き屋さんがおいしいみたいだよ。
この問題は私が何とかしますから、心配しなくていいです。

24 のんびり 한가롭게, 유유히
類 ゆっくり 천천히, 느긋하게

そんなにのんびりしていて学校に間に合うの？

25 間も無く 머지않아, 곧
間も無く、ホームに電車が到着します。

26 まるで 마치, 전혀, 전연
お金を少しも出さずに旅行できるとは、まるで夢のような話だ。
あの兄弟は顔は似ているが、性格はまるでちがう。

27 より 보다, 더욱
類 よりいっそう 보다 더, 보다 한층 더
私は姉よりも背が高い。
お腹がすいていたのでよりおいしく感じた。

28 予め 미리, 사전에
類 前もって 미리, 사전에
社長に会いたければ、予め連絡しておかなければならない。

29 **あんまり** 너무, 별로

(類) **それほど** 그렇게, 그 정도, 그만큼

あまり 그다지, 별로

あんまり行きたくなかったが、友だちが一緒に行こうと言うので行った。

30 **うっかり** 무심코, 깜빡

31 **実は** 실은, 사실은

32 **つまり** 결국, 즉, 요컨대

(類) **要するに** 요컨대

つまり、明日は来られないということですか？

33 **にこにこ** (「～と」의 꼴로도 씀) 싱글벙글, 생글생글

34 **ぴかぴか** 반짝반짝, 번쩍번쩍

35 **全く** 전혀, 완전히, 아주, 전적으로, 정말로, 참으로

(類) **全然** 전혀 **少しも** 조금도

36 **丸々** 완전히, 전부, (살이 찐 모양) 토실토실

赤ちゃんの丸々とした顔を見るとやさしい気分になる。

ここから東京まで車で丸々2時間はかかる。

37 **必ずしも** (부정 앞에 놓여서) 반드시 ～라고는

(類) **絶対に** 절대로

38 **予て** 전부터, 미리

(類) **前から** 전부터 **予め** 미리

予て計画していた旅行に出かける。

39 **努めて** 애써, 힘써, 되도록

(類) **できるだけ** 가능한 한

40 **何でも** 무엇이든지, 어떻든, 기어이, 잘은 모르겠으나, 어쩌면

41 **なんとなく** 어쩐지, 왠지, 무심코

42 **びっくり** 깜짝 놀람

(類) **おどろく** 놀라다

道で急に名前を呼ばれてびっくりした。

43 **別に** 별로, 특별히 (類) **特に** 특히

別に用事がなければ、一緒に遊びに行こう。

44 **丸ごと** 있는 그대로, 통째로

ページをまちがえたので、宿題を丸ごとやり直した。

45 **最も** 가장 (類) **一番** 가장

問題1 ＿＿＿＿のことばの読み方として最もよいものを、1・2・3・4から一つえらびなさい。

1 間も無く映画がはじまる。

1 かんもなく　　2 あいだもなく　　3 まもなく　　4 みもなく

2 丸々と太った子犬だこと。

1 まんまん　　2 まるまる　　3 えんえん　　4 がんがん

3 努めて授業に遅れないようにしている。

1 とどめて　　2 きわめて　　3 すすめて　　4 つとめて

4 この一週間は全く運動していない。

1 よく　　2 まったく　　3 せっかく　　4 ぜんく

5 何時か機会があれば、また会いましょう。

1 いつか　　2 なんじか　　3 なんどか　　4 いつじか

6 未だに仕事が見つかっていない。

1 まつだに　　2 みだに　　3 すえだに　　4 いまだに

7 予て説明したように、明日テストがあります。

1 あえて　　2 よて　　3 かねて　　4 せめて

8 更にはやく走れるように練習する。

1 とくに　　2 びんに　　3 さらに　　4 ことに

 ＿＿＿のことばを漢字で書くとき、最もよいものを１・２・３・４から一つえらびなさい。

1 じつは私もこの大学を出ました。

1 実は　　　　　　2 真は　　　　　　3 日は　　　　　　4 当は

2 知りたいことがあればあらかじめ聞いてください。

1 新かじめ　　　2 定め　　　　　　3 予め　　　　　　4 勉め

3 赤ちゃんはなんでも口に入れる。

1 何でも　　　　2 伺でも　　　　　3 南でも　　　　　4 可でも

4 べつに好きでもきらいでもない。

1 分に　　　　　2 別に　　　　　　3 得に　　　　　　4 更に

5 高いからと言って、かならずしもおいしいわけではない。

1 泌ずしも　　　2 確ずしも　　　　3 切ずしも　　　　4 必ずしも

6 スープの中にたまねぎがまるごと入っている。

1 円ごと　　　　2 丸ごと　　　　　3 間るごと　　　　4 全ごと

7 富士山は日本でもっとも高い山だ。

1 上も　　　　　2 番も　　　　　　3 最も　　　　　　4 良も

8 心配することはすこしもない。

1 小しも　　　　2 省しも　　　　　3 少しも　　　　　4 抄しも

問題3 （　　　　）に入れるのに最もよいものを、1・2・3・4から一つえらびなさい。

---

1 （　　　　）今日は何について話そうか。

1 こうして　　　　2 まるで　　　　3 つまり　　　　4 さて

2 携帯電話があれば、（　　　　）どこでも電話することができる。

1 いつでも　　　　2 いつまでも　　　　3 どんなに　　　　4 何でも

3 （　　　　）して、電車の中にかさを置いてきた。

1 ちゃっかり　　　2 うっかり　　　　3 のんびり　　　　4 びっくり

4 私はいつも（　　　　）と笑っている人が好きだ。

1 にやにや　　　　2 にこにこ　　　　3 ぴかぴか　　　　4 にかにか

5 1回目よりも2回目が（　　　　）上手にできた。

1 最も　　　　2 まったく　　　　3 より　　　　4 少しも

6 お寿司が（　　　　）高いとは思わなかった。

1 こんなに　　　　2 どんなに　　　　3 何とか　　　　4 いつでも

7 窓が（　　　　）になるまできれいに磨く。

1 ちかちか　　　　2 ほかほか　　　　3 ぴかぴか　　　　4 なかなか

8 （　　　　）つかれていても、宿題をしてから寝る。

1 なんとなく　　　2 全く　　　　3 実は　　　　4 どんなに

問題4 ________に意味が最も近いものを、1・2・3・4から一つえらび なさい。

1 たとえ上手にできなくても最後までやることが大切だ。

   1 今は   2 必ずしも   3 もし   4 いつでも

2 甘いものはあんまり食べない。

   1 全く   2 少しも   3 できるだけ   4 それほど

3 なんとなく今日は行く気がしない。

   1 理由なく   2 別に   3 初めから   4 更に

4 急に大きな音がしたので、びっくりして目がさめた。

   1 腹が立って   2 おどろいて   3 まちがって   4 うるさくて

5 将来のことをあれこれ考える。

   1 いろいろ   2 いつでも   3 何でも   4 たくさん

6 彼は私のすることにいちいち文句をつける。

   1 丁寧に   2 すぐに   3 全て   4 ほとんど

7 仕事が多くて、休みの日ものんびりしていられない。

   1 おっとりして   2 うっかりして   3 ゆっくりして   4 うんざりして

8 何で日本語の勉強を始めたのですか。

   1 どこで   2 どのように   3 どうして   4 どうやって

問題5 つぎのことばの使い方として最もよいものを、一つえらびなさい。

1 まるで

1 お母さんはまるですてきな女性（じょせい）だ。
2 約束（やくそく）をまるで忘（わす）れる。
3 まるで魚のように泳（およ）ぐ。
4 今日はレポートを出す日なのにまるで持ってくるのを忘れた。

2 いらいら

1 仕事が進（すす）まずいらいらする。
2 いらいらと急いで家に帰る。
3 仕事から帰っていらいらとする。
4 いらいらな国を旅行するのが趣味（しゅみ）だ。

3 実に

1 実に今日は子供と動物園（えん）に行ってきた。
2 実に私もここの生徒だ。
3 実に頭が良く、おもしろい人だ。
4 東京には実に行ってみましたか？

01 アイスクリーム 아이스크림

02 カード 카드

03 グラス 글라스, 유리컵, 유리, 안경

04 クリーム 크림

05 ゲーム 게임, 놀이, 시합, 경기
㊜ 遊び 놀이

06 コーチ 코치 ㊜ 指導者 지도자

07 サイン 사인, 서명, 신호, 암호
㊜ 合図 신호

ここにサインをお願いします。

サインが出たら走り出してください。

08 ジュース 주스

09 スイッチ 스위치
㊜ 電源 전원　ボタン 버튼

10 スープ 수프

11 スクール 스쿨, 학교
㊜ 学校 학교　教室 교실

12 チーズ 치즈

13 デート 데이트

明日のデートに着て行く服がない。

14 ドラマ 드라마

昨日のドラマ見た？

15 ドレス 드레스

16 パーティー 파티

17 バケツ 양동이

18 パス 패스

パスちょうだい！

私は顔パスで入れますから大丈夫です。

19 ビール 맥주

20 ビニール 비닐

21 フリー 프리 ㊜ 自由 자유

22 ボート 보트 ㊜ 船 배

23 ホーム 홈 ㊜ 家 집

24 メニュー 메뉴, 식단

25 ローマ字 로마자

26 **カー** 카(car), (자동)차 類 **車**^{くるま} 차

27 **サンプル** 샘플 類 **試供品**^{しきょうひん} 시제품

このシャンプーの**サンプル**、ありますか？

28 **ジーンズ** 청바지 類 **ジーパン** 청바지

29 **スカーフ** 스카프

30 **チーム** 팀 類 **グループ** 그룹 **組**^{くみ} 조

31 **メンバー** 멤버

初^{はじ}めて試合^{しあい}の**メンバー**に選^{えら}ばれた。

36 **ハンサム** 잘 생겼음
類 **かっこいい** 멋있다

ほら、あの一番右^{いちばんみぎ}の彼^{かれ}、**ハンサム**だと思^{おも}わない？

37 **ブラウス** 블라우스

38 **マスク** 마스크, 얼굴 생김새 類 **顔**^{かお} 얼굴

マスクなんかして風邪^{かぜ}でも引^ひいたの？

甘^{あま}い**マスク**の男^{おとこ}には気^きをつけなさい。

39 **ライター** 라이터
類 **喫煙具**^{きつえんぐ} 흡연도구 **火**^ひ 불

40 **レンズ** 렌즈

32 **クラブ** 클럽 類 **会**^{かい} 회, 모임

33 **ゴール** 골, (육상 경기에서)결승점, (구기에서)공을 넣는 문

34 **ゴム** 고무

35 **ナンバー** 넘버, 번호 類 **番号**^{ばんごう} 번호

※ '가타카나'에서는 문제 유형1(한자독음 찾기),
문제 유형2 (한자 찾기)는 생략합니다.

問題3 （　　　）に入れるのに最もよいものを、1・2・3・4から一つえらびなさい。

1 春になると（　　　）をする人が多くなる。

1 マスク　　　　2 ゴム　　　　3 レンズ　　　　4 ホーム

2 このかばん（　　　）でできてるから濡れても大丈夫なの。

1 スクール　　　　2 ビニル　　　　3 スクル　　　　4 ビニール

3 あの（　　　）すごく美味しそうだね、本当に食べられそうだよ。

1 ザンプル　　　　2 サンプル　　　　3 ザンブル　　　　4 サンブル

4 この機械の（　　　）どこにあるの？

1 スイーツ　　　　2 スイッツ　　　　3 スイッチ　　　　4 スイーチ

5 お車関係でしたら、あちらの（　　　）コーナーにまとめてあります。

1 サイン　　　　2 カー　　　　3 パス　　　　4 メンバー

6 （　　　）字で「やまだ」は「yamada」と書きます。

1 チーズ　　　　2 ゲーム　　　　3 ローマ　　　　4 ビール

7 今日がこの（　　　）での最後の試合だ。みんな、必ず勝つぞ！

1 ゴール　　　　2 チーム　　　　3 デート　　　　4 カード

8 風呂上りの（　　　）はうまいと父は言う。

1 コーチ　　　　2 ブラウス　　　　3 ジーンズ　　　　4 ビール

問題4 ＿＿＿＿に意味が最も近いものを、１・２・３・４から一つえらびなさい。

1 私はもう帰るからカラオケは<u>行かない</u>。

　１ ミスする　　　　２ キスする　　　　３ トスする　　　　４ パスする

2 新しい<u>遊び</u>考えたんだけど、一緒にやらない？

　１ ブーム　　　　２ ゲーム　　　　３ ボート　　　　４ カード

3 お姉ちゃんは明日から英会話<u>教室</u>に通うらしい。

　１ スクール　　　　２ スチーム　　　　３ スカーフ　　　　４ スープ

4 このチラシはお持ち帰り<u>自由</u>です。

　１ フリー　　　　２ ライター　　　　３ パーティー　　　　４ ナンバー

5 確かあの公園は小さな<u>船</u>を貸してくれるそうだよ。

　１ コード　　　　２ カード　　　　３ ゴム　　　　４ ボート

6 <u>番号</u>を呼ばれた人から前に出てきてください。

　１ サイバー　　　　２ メンバー　　　　３ ナンバー　　　　４ カバー

7 大学に入ったら何<u>部</u>に入るかもう決めた？

　１ レンズ　　　　２ クラブ　　　　３ サイン　　　　４ ドレス

8 ちょっと<u>火</u>貸してくれない？

　１ メンバー　　　　２ ナンバー　　　　３ サイダー　　　　４ ライター

1　ハンサム

1　今日ハンサムを買ったんだけど、小さくて入らなかったからあげる。

2　今日電車でとてもハンサムな人を見た。

3　どうしよう、今日のハンサムに着ていくドレスがないよ。

4　すごく美味しそうなケーキだね、ハンサムがたくさんだ。

2　ブラウス

1　今日お昼に食べたカレーがブラウスに付いちゃったんだ。

2　すみません、私ブラウスは食べられませんので入れないでください。

3　ブラウスは飲めませんので、ジュースをください。

4　この眼鏡、ブラウスが入ってないんだね。

3　バケツ

1　どうしたのバケツなんか着て、パーティーにでも行くの？

2　それじゃあ、写真を撮りますよ。はい、バケツ。

3　最近首にバケツを巻くのが人気なんだね。

4　ごめん、このバケツに水を入れてきてくれる？

Chapter8 그 외

01 いただきます 잘 먹겠습니다
㉑ 貰_{もら}います 받습니다

それじゃあ、食_たべようか、はい、いただきます。

02 行_いって(い)らっしゃい

잘 다녀오세요. 잘 갔다 오세요

03 行_いってまいります・行_いってきます

다녀오겠습니다

04 いらっしゃい(ませ)

오세요, 잘 오셨습니다, 어서 오십시오

いらっしゃい、暑_{あつ}かったでしょう。

05 大_{おお}〜 큰, 넓은, 많은, (정도가)심한

それは大_{おお}仕事_{しごと}でしたね。

06 お帰_{かえ}り(なさい) 다녀오셨어요

お帰_{かえ}りなさい、遅_{おそ}かったのね。

07 お元気_{げんき}ですか 잘 지내세요?

田中_{たなか}さん、お久_{ひさ}しぶりです。お元気_{げんき}でしたか。

08 お先_{さき}に 먼저(하십시오, 가십시오)

お先_{さき}にどうぞ。

09 お願_{ねが}いします 부탁드립니다

どうかよろしくお願_{ねが}いします。

10 お待_まちください 잠시 기다려주세요

少々_{しょうしょう}、お待_まちください。

11 おやすみ(なさい) 안녕히 주무세요

おやすみなさい、また明日_{あした}。

12 〜日_か 날짜 · 날수를 세는 말

今日_{きょう}は、20日_{はつか}だっけ？

13 〜外_{がい} 〜외(밖) ㉑ 他_{ほか} 〜외

14 〜かもしれない 〜일지도 모른다, 〜할지도 모른다

明日_{あした}テストがあるかもしれないって知_しってた？

15 〜感_{かん} 〜감(느낌)

16 〜館_{かん} 〜관(건물)

ここが本館_{ほんかん}だよ。

17 〜形_{けい}・〜型_{けい} 형(형태)

18 ごちそうさま(でした) 잘 먹었습니다

19 こちらこそ 저야말로, 이쪽이야말로
㉑ わたしこそ 저야말로

20 ごめんください 실례합니다
㉑ すみません 실례합니다

ごめんください、誰_{だれ}か、いませんか。

21 ～室 실 (집·방)

わからないときは管理室に電話してください。

22 失礼します 실례합니다

失礼します。何かご用でしょうか。

23 ～手 (일·역할을 하는 사람) ～수

私の父はタクシーの運転手をしている。

24 ～性 ～성(성질)

この車は安全性がとても高い車です。

25 そこで 그래서, 그러면

26 そして 그리고 ㉙並びに 및, 또

27 それなのに 그런데도

28 ～長 ～장 (단체·조직체의 우두머리)

29 ～的 (명사에 접속되어 な형용사를 만듦) ～적

私的な話は授業の後にしてください。

30 ～家 ～가(집안)

あなたが一番好きな漫画家は誰ですか？

31 ～化 ～화(변화)

32 各～ 각～(각각)

各クラブの部長は前に出て来てください。

33 ～方 ～하는 법, ～하기, (인명·장소의 이름에 붙어)～의 집, ～댁

㉙方法 방법

少し見方を変えるだけで、世界は大きく変わるだろう。

34 ～産 ～산 (산지·산출)

㉙生まれ ～태생, ～출생

35 ～次 (횟수나 순서 등을 헤아리는 말) ～차

2次試験は1階で行います。

36 ～者 ～자(사람) ㉙人 사람

後者の方がよく使われる言葉です。

37 〜合わせ 합침, 맞댐

今日は初めての顔合わせである。

38 〜がち 〜이 많음, 〜의 경향이 있음

39 〜辛い 〜하기 거북하다, 〜하기 곤란하다

（類）〜にくい 〜하기 어렵다

大きく切ったら食べ辛いから、小さく切ってって言ったのに。

40 〜等 〜등(순위·등급)

マラソン大会で初めて1等をとった。

41 〜等・〜等 〜등(등등)

（類）〜とか 〜라든가, 〜든지, 〜거나

本やノート等は机の中に入れてください。

42 〜始める 〜하기 시작하다

（類）行う 실시하다

春から水泳を習い始める。

43 〜発 〜발(출발·발신)

問題1 ＿＿＿＿のことばの読み方として最もよいものを、1・2・3・4から一つえらびなさい。

1 今日は暑いから<ruby>屋<rt>おく</rt></ruby>外に行く時は帽子をかぶりなさい。

1 そと　　　　　2 がい　　　　　3 ぞと　　　　　4 かい

2 もう少し<ruby>優<rt>やさ</rt></ruby>しい言い方をしてくれてもいいのに。

1 ほう　　　　　2 ぼう　　　　　3 かた　　　　　4 がた

3 君が食べ終わるのを待っていたら朝になるよ。

1 おわる　　　　2 すわる　　　　3 かわる　　　　4 まわる

4 明日は12時発の電車に乗ればいいんですね。

1 ぱつ　　　　　2 はづ　　　　　3 ばつ　　　　　4 はつ

5 私の夢は<ruby>日本<rt>にほん</rt></ruby>各<ruby>地<rt>ち</rt></ruby>にあるおいしいラーメンを全部食べることだ。

1 あく　　　　　2 かく　　　　　3 さく　　　　　4 まく

6 弟は<ruby>季節<rt>きせつ</rt></ruby>性の風邪をひいて学校を休んでいる。

1 せい　　　　　2 かん　　　　　3 しょう　　　　4 ごと

7 父と母を<ruby>引<rt>ひ</rt></ruby>き合わせたのは、母の昔からの友達の<ruby>明子<rt>あきこ</rt></ruby>おばちゃんだそうだ。

1 かわせた　　　2 さわせた　　　3 はわせた　　　4 あわせた

8 はじめは彼の文学的なところが好きだったが、最近はそうではなくなってきた。

1 より　　　　　2 てき　　　　　3 かん　　　　　4 すぎ

問題2 ＿＿＿＿のことばを漢字で書くとき、最もよいものを１・２・３・４から一つえらびなさい。

1 父は植物の専門<u>か</u>である。

1 家　　　　　2 科　　　　　3 カ　　　　　4 火

2 分かり<u>づらい</u>ところはありませんか？ あったら言ってください。

1 幸い　　　　2 辛い　　　　3 寺い　　　　4 走い

3 彼女がいるだけでみんなの間に安心<u>かん</u>が生まれる。

1 忘　　　　　2 想　　　　　3 感　　　　　4 態

4 パンダ<u>かん</u>は目の前の建物ですよ。

1 飯　　　　　2 館　　　　　3 飲　　　　　4 飼

5 弟に最近私がおばさん<u>か</u>してきていると言われた。

1 化　　　　　2 価　　　　　3 仁　　　　　4 仆

6 四<u>か</u>も何も食べてないんじゃ倒れるに決まってるでしょ。

1 目　　　　　2 日　　　　　3 臼　　　　　4 白

7 去年あの山で、丸い円<u>けい</u>の物が凄い速さで飛んでいくのを見ました。

1 形　　　　　2 計　　　　　3 軽　　　　　4 経

8 卒業式の３<u>じ</u>会はカラオケになることが多い。

1 路　　　　　2 時　　　　　3 次　　　　　4 地

1 1年も前から今日の旅行を楽しみにしていた。（　　　）何で台風が来るんだ！

1 だとしても　　　2 それなのに　　　3 そうですか　　　4 だったなら

2 どうしてもトイレに行きたい、でもトイレがない。（　　　）私は考えました。

1 そこで　　　2 そっち　　　3 どっち　　　4 どこで

3 母の日は覚えているのに、父の日はどうも忘れ（　　　）である。

1 がち　　　2 かち　　　3 かじ　　　4 がぢ

4 （　　　）。とても美味しかったです。

1 いただきます　　　2 ごちそうさまでした
3 いらっしゃい　　　4 おじゃましました

5 （　　　）。娘さんを僕にください。

1 おやすみなさい　　　2 おねがいします
3 おかえりなさい　　　4 おそくなります

6 それじゃあ、お先に（　　　）。また明日。

1 しつれいします　　　2 しつれいです
3 かもしれない　　　4 かもしれません

7 雨が降ってますね、少し（　　　）。今傘を持って来ますから。

1 おさげください　　　2 おあげください
3 おかえりなさい　　　4 おまちください

8 先生、（　　　）？ 私は元気です。久しぶりに手紙を書きます。

1 こんにちは　　　2 おはようございます
3 おげんきですか　　　4 おねがいします

問題4 ＿＿＿＿＿に意味が最も近いものを、１・２・３・４から一つえらびなさい。

1 大丈夫です。こちらこそ前を見ていませんでしたから。

1 私こそ　　　　2 あなたこそ　　　　3 君こそ　　　　4 あちらこそ

2 すみません、誰かいませんか？

1 おやすみです　　　　　　　　　　2 ごめんください
3 おさきに　　　　　　　　　　　　4 ごちそうさまでした

3 山下君は1時間ほど遅れるそうですので、先に始めましょう。

1 行いましょう　2 忘れましょう　3 頑張りましょう　4 終りましょう

4 この店のステーキはオーストラリア生まれの牛を使っているんだって。

1 場　　　　　　2 地　　　　　　3 童　　　　　　4 産

5 私は後の人の意見が良かったです。

1 後者　　　　　2 後物　　　　　3 後牧　　　　　4 後煮

6 洗濯部屋は3階にありますので、ご自由にお使いください。

1 室　　　　　　2 窓　　　　　　3 客　　　　　　4 安

7 山田さん、田中くん、並びに鈴木くん。おめでとう、よく頑張りました。

1 そして　　　　2 そこで　　　　3 しかし　　　　4 もし

8 明日から3日間キャンプだ。パンツとか忘れ物の無いように気を付けるんだぞ。

1 寺　　　　　　2 等　　　　　　3 箸　　　　　　4 考

1　いってらっしゃい

1　いってらっしゃい、早かったのね。

2　いってらっしゃい、今日のカレーは美味しそうだね。

3　いってらっしゃい、帰りに卵買ってきてね。

4　いってらっしゃい、何名様ですか？

2　～長

1　その手長使いやすそうでいいな、どこで買ったの？

2　課長になったのは良いが、仕事が多くなって大変だ。

3　良かったらあちらに試長室がありますので、一度聞いてみてください。

4　僕たちが山長に着いたときにはもう夕方になっていた。

3　おさきに

1　花屋ならこの道のおさきにあったと思いますけど。

2　この話にはまだおさきにがあるんだ。

3　彼は2日に1回おさきに私に連絡をしてくる。

4　今日は用事がありますので、おさきにしつれいします。

01 それなら 그렇다면
　㉝ だったら 그렇다면

02 だから 그러니까, 그래서, 때문에
だから早く寝なさいって言ったのに。
君だから教えるけど、みんなには言っちゃ駄目だよ。

03 だけど 그렇지만, 그러나
　㉝ ところが 그런데, 그러나
　　しかし 그러나
明日は晴れだけど、あさっては雨だって。

04 ただいま 다녀왔습니다
　㉝ 今帰りました 지금 돌아왔습니다

05 だって 하지만, 그런데, ~라도
だってお腹がすいてたんだもん。
お兄ちゃんだって遊んでたんだよ。

06 小さな 작은

07 ～っぽい ~한 경향이 많다
　㉝ ～みたい ~같다　～ようだ ~같다
昨日から熱っぽいんです。
あなたっぽくていいんじゃない。

08 で 그래서

09 できれば 가능하면, 될 수 있으면
　㉝ 可能なら 가능하면

10 では 그럼, 그러면
　㉝ じゃあ 그럼

11 どういたしまして 천만에요
どういたしまして。また遊びに来てくださいね。

12 どうぞよろしく 아무쪼록 잘 부탁합니다

13 どきどき 두근두근

14 ところが 그런데, 그러나
　㉝ しかし 그러나
　　だけど 그렇지만, 그러나

15 ところで 그런데, 그것은 그렇고
　㉝ 一方 한편　さて 그런데, 한편

16 なぜなら(ば) 왜냐하면

17 ～内 ~내, ~안

18 何か 무엇인가, 뭔가
さっきから何か後ろにいる気がするんだけど。

19 なにも 아무것도, 조금도
別になにもないけど。

20 ～なんて (뒤에 부정을 수반해서) ～와 같은 것, (의외라는 뜻으로) ～하다니, ～이라니

今日中に**なんて**終わるわけがないじゃないか。

うちの息子が一番になる**なんて**思わなかった。

21 非～ 비～ (옳지 못함)

22 不・無～ 불～, 무～ (부정)

23 ～部 ～부(조직체의 구성 부분의 하나), ～부(책을 세는 말)

バスケ**部**の山田です。

このページを8**部**コピーしてください。

24 ～物 ～물(물건)

25 ～ほう ～쪽(비교)

26 まあまあ (놀라거나 감탄했을 때 하는 말) 어머, 저런, 정말, 그럭저럭, 그런대로 (달래거나 가볍게 타이르는 말) 자 자

類 普通 보통

そうだな、**まあまあ**美味しかったと思うけど。

まあまあ、お父さんもそんなに怒らないでください。

27 ～みたい ～같다

類 ～っぽい ～한 경향이 많다

母さん**みたい**な言い方するなよ。

明日は雪が降る**みたい**よ。

28 もし 만약

類 例えば 예를 들면

29 ～持ち 소유함. 또는 지닌 사람이라는 뜻을 나타내는 말

「力**持ち**だね」なんて言われても嬉しくないわよ。

30 ～等 (복수를 나타낼 때) ～들 類 ～達 ～들

31 ～力 ～력(힘 · 능력)

32 再～ 재～ (한 번 더)

33 初～ 초～ (처음 · 시초)

34 前～ 전～ (앞)

35 共に 함께, 같이 (「…と～」의 꼴로) ～함과 동시에

類 一緒に 함께

36 副～ 부～ (버금가다)

副部長、部長からお電話です。

37 最^{さい}〜　최〜 (가장)

38 昨^{さく}〜　지난, 작〜

39 第^{だい}〜　제〜 (차례 · 순서)

40 例^{たと}え　예

41 本^{ほん}〜　본〜, 정식의, 주된

42 〜まま　〜한 채, 〜한 채로

ゴミはそのままにしないで、ゴミ
箱^{ばこ}に捨^すててください。

43 〜み　형용사의 어간에 붙어서, 정도나 상태의 뜻을
지닌 명사를 만듦

私^{わたし}は楽^{たの}しみは後^{あと}にとっておきたい。

問題1 ＿＿＿＿のことばの読み方として最もよいものを、1・2・3・4から一つえらびなさい。

1 この部屋内では食べたり、飲んだりしてはいけません。

1 がい　　　　2 ない　　　　3 さい　　　　4 かい

2 そんな非科学的（かがくてき）なこと、誰が信じると思ってるんですか？

1 き　　　　2 ひ　　　　3 ふ　　　　4 か

3 これは危険物ですので、さわってはいけません。

1 ぶつ　　　　2 もの　　　　3 ぐつ　　　　4 この

4 人気のドラマが再放送されると知って嬉しい。

1 こい　　　　2 すい　　　　3 さい　　　　4 かい

5 彼女のジャンプ力に普通の男の子では勝てない。

1 りょく　　　　2 しょく　　　　3 きょく　　　　4 ちょく

6 兄はバレーボール部の副部長（ぶ）をしている。

1 あく　　　　2 かく　　　　3 ふく　　　　4 しく

7 それでは第1回さくら祭をはじめます。

1 だい　　　　2 さい　　　　3 かい　　　　4 あい

8 負けると分かっていても、最後（ご）まで走りなさい。

1 さい　　　　2 まま　　　　3 もち　　　　4 ほう

問題2 ＿＿＿＿＿のことばを漢字で書くとき、最もよいものを１・２・３・４から
一つえらびなさい。

1 小学校の時はバスケットボール<u>ぶ</u>に入っていました。

1 不　　　　　　2 無　　　　　　3 部　　　　　　4 非

2 ちゃんと<u>ぜん方</u>に気をつけて運転してよね。

1 前　　　　　　2 花　　　　　　3 苅　　　　　　4 芸

3 <u>たとえば</u>あなたが女の人だったとしたらどう思うか考えてください。

1 伝えば　　　　2 傾えば　　　　3 倣えば　　　　4 例えば

4 <u>しょ</u>回の方はまずカードを作りますので、こちらにお名前とご連絡先を
書いてください。

1 褐　　　　　　2 初　　　　　　3 被　　　　　　4 祈

5 あの家は昔大金<u>もち</u>で有名だったが、今はそうではないらしい。

1 持ち　　　　　2 接ち　　　　　3 損ち　　　　　4 狭ち

6 すみません、このデパートの<u>ほん館</u>はどう行ったらいいんでしょうか？

1 木　　　　　　2 杏　　　　　　3 本　　　　　　4 末

7 人間と動物が<u>とも</u>に暮らせる世界にしましょう。

1 友　　　　　　2 共　　　　　　3 緒　　　　　　4 供

8 知りません。この人と私は<u>む</u>関係です。

1 然　　　　　　2 煎　　　　　　3 焦　　　　　　4 無

問題3（　　　）に入れるのに最もよいものを、１・２・３・４から一つえらび
なさい。

1 休みがとれたの（　　　）家族旅行に行くことにしました。

　1 が　　　　　　　2 だ　　　　　　　3 で　　　　　　　4 ば

2 お母さん、冷蔵庫に（　　　）ないんだけど。

　1 かにも　　　　　2 まにも　　　　　3 さも　　　　　　4 なにも

3 山下花（やましたはな）といいます。（　　　）お願いします。

　1 どうぞよろしく　　　　　　　　2 どういたしまして
　3 どうにかして　　　　　　　　　4 ところが

4 海に来ても彼女は楽しくない。（　　　）彼女は泳げないからだ。

　1 なにも　　　　　2 なぜなら　　　　3 なにか　　　　　4 なんとか

5 これで、説明は終わりです。（　　　）山田君はまだ来てないのかな？

　1 どころか　　　　2 ところが　　　　3 ところは　　　　4 ところで

6 ねぇ、このリンゴとこのリンゴ、どっちの（　　　）が美味（おい）しそうかな？

　1 こう　　　　　　2 そう　　　　　　3 ほう　　　　　　4 もう

7 僕は今の（　　　）の君が好きなんだよ。

　1 ささ　　　　　　2 まま　　　　　　3 ただ　　　　　　4 ぱぱ

8 その服、ちょっと子どもっ（　　　）んじゃないか？

　1 ぱい　　　　　　2 ぼい　　　　　　3 ばい　　　　　　4 ぽい

問題4 ________に意味が最も近いものを、１・２・３・４から一つえらび
なさい。

1 ３日はみんな予定が合わないし、だったら別の日にしたほうがいいんじゃ
ない。

1 それなら　　　　2 それから　　　　3 それもか　　　　4 それには

2 今、帰りました。ご飯は何ですか？

1 おかえり　　　　2 いただきます　　　3 ただいま　　　　4 ごちそうさま

3 じゃあ、次は田中君お願いします。

1 から　　　　　　2 には　　　　　　3 さも　　　　　　4 では

4 今の話し方は、本当にお父さんのようだね。

1 みたい　　　　　2 いたい　　　　　3 きたい　　　　　4 したい

5 河野はいないが、今日は僕達だけで最後まで頑張ろう。

1 寺　　　　　　　2 守　　　　　　　3 寿　　　　　　　4 等

6 今年は、去年と同じ失敗はしない。

1 昨年　　　　　　2 胙年　　　　　　3 作年　　　　　　4 乍年

7 たとえ何があっても私はあなたと一緒に歩いていきます。

1 丈に　　　　　　2 共に　　　　　　3 逬に　　　　　　4 友に

8 今日は雨だと聞いて傘を持ってきた。しかし、空には雲一つない。

1 ところが　　　　2 どころか　　　　3 どうにか　　　　4 どうして

1　どきどき

1　今日の天気は晴れどきどき曇りです。

2　明日コンサートに行くと思うと、どきどきして眠れない。

3　風邪かな？ さっきから背中がどきどきしてる。

4　お酒をたくさん飲んだからかな？ 目の前がどきどき回るよ。

2　〜なんて

1　彼女がレスリングをするなんて夢にも思わなかった。

2　なんて私にご用ですか？

3　新しく入った山下君、村山さん、なんて木村君だ、みんなよろしくな。

4　料理が下手だとは聞いていたが、なんてまずいとは思わなかった。

3　〜み

1　いまのままの練習みでは勝てない。

2　だから、さっきから何回み言ってるんじゃないですか。

3　その女性なら、たしか先週み月曜も来られましたよ。

4　白だけじゃ、なんだか面白みがないな。

N3
모의고사
제1회

問題1 ＿＿＿＿のことばの読み方として最もよいものを、1・2・3・4から
　　　一つえらびなさい。

1 今日学校で角度について勉強した。

1 かくと　　　　2 かくど　　　　3 かくどう　　　　4 かくとう

2 これは花の香りがするペンだ。

1 かおり　　　　2 かほり　　　　3 こうり　　　　4 こおり

3 楽器の中でピアノが一番好きだ。

1 あっき　　　　2 らっき　　　　3 だっき　　　　4 がっき

4 今日は星がとてもきれいに見える。

1 ほし　　　　2 つき　　　　3 そら　　　　4 くも

5 みなさん、入り口の中央に立ってください。

1 ちゅおう　　　2 じゅうおう　　　3 ちゅうおう　　　4 じゅおう

6 今の時刻は朝の7時だ。

1 じかく　　　　2 じっかく　　　　3 じこく　　　　4 じっこく

7 家のポストに店の広告が入っていた。

1 こうこく　　　2 こうごく　　　3 ごうこく　　　4 ごうごく

8 家の近くに港がある。

1 みなど　　　　2 ごう　　　　3 こう　　　　4 みなと

問題2 ＿＿＿＿のことばを漢字で書くとき、最もよいものを１・２・３・４から
　　　一つえらびなさい。

9 私のおっとは警官（けいかん）です。

　1 夫　　　　　　2 大　　　　　　3 半　　　　　　4 笑

10 今日学校の帰りにかみを切りにいくつもりだ。

　1 髣　　　　　　2 髪　　　　　　3 髦　　　　　　4 髯

11 やおやでりんごを買った。

　1 八白屋　　　　2 八日屋　　　　3 八首屋　　　　4 八百屋

12 家に帰ってきてつめたいジュースを飲んだ。

　1 衿たい　　　　2 冷たい　　　　3 令たい　　　　4 吟たい

13 おおゆきのせいで道が見えなくなった。

　1 夫雪　　　　　2 大雪　　　　　3 夫雷　　　　　4 大雷

14 私にはおねえさんが二人います。

　1 お柿さん　　　2 お好さん　　　3 お姉さん　　　4 お好さん

問題3（　　）に入れるのに最もよいものを、1・2・3・4から一つえらび
なさい。

15 ご飯はよく（　　）食べることが大事です。

1 のんで　　　　2 とかして　　　　3 かんで　　　　4 ためして

16 私の気持ちを父に（　　）伝えました。

1 すっかり　　　2 とっても　　　　3 てっきり　　　　4 はっきり

17 日本は外国に車を多く（　　）しています。

1 輸入　　　　　2 輸出　　　　　　3 要求　　　　　　4 予測（よそく）

18 植物の育て方については（　　）の授業（じゅぎょう）で習います。

1 算数　　　　　2 社会　　　　　　3 音楽　　　　　　4 理科

19 部屋の掃除（そうじ）をしばらくしなかったので（　　）がたまってしまった。

1 ガス　　　　　2 ふとん　　　　　3 ほこり　　　　　4 ピン

20 この問題は（　　）解決（かいけつ）するのだろうか。

1 果たして　　　2 必ず　　　　　　3 何でも　　　　　4 常に

21 ドラマの（　　）がとても気になる。

1 続き　　　　　2 近く　　　　　　3 香り　　　　　　4 考え

22 学校の文化祭に有名人が来るという（　　　）を聞いた。

1 おしゃべり　　　2 うわさ　　　　　3 説明　　　　　4 理由

23 彼女は女の子の（　　　）背が高いです。

1 いちどに　　　2 さきに　　　　　3 わりに　　　　　4 ためしに

24 彼は勉強もでき運動神経もいいので、クラスのみんなから（　　　）がある。

1 存在　　　　　2 人気　　　　　　3 気力　　　　　4 名前

25 友達が引っ越すことを（　　　）知らなかった。

1 ぜんぜん　　　2 だんだん　　　　3 どんどん　　　　4 らんらん

問題4 ＿＿＿＿に意味が最も近いものを、1・2・3・4から一つえらび
なさい。

26 彼は<ruby>図々<rt>ずうずう</rt></ruby>しく人の家に居続けている。

1 あつかましく　2 素晴らしく　　3 たのもしく　　4 新しく

27 彼は<ruby>必<rt>かなら</rt></ruby>ず来るはずだ。

1 やっと　　　2 そっと　　　　3 ずっと　　　　4 きっと

28 この機械の修理の<ruby>仕方<rt>しゅうり</rt></ruby>が分からない。

1 <ruby>価値<rt>かち</rt></ruby>　　　2 方法　　　　3 方向　　　　4 <ruby>技術<rt>ぎじゅつ</rt></ruby>

29 昨日から体の具合が悪い。

1 調子　　　　2 自由　　　　3 都合　　　　4 病気

30 今回のテストはとても<ruby>易<rt>やさ</rt></ruby>しかった。

1 簡単だった　2 <ruby>難<rt>むずか</rt></ruby>しかった　3 <ruby>苦<rt>にが</rt></ruby>かった　　4 <ruby>慣<rt>な</rt></ruby>れた

問題5　つぎのことばの使い方として最もよいものを、一つえらびなさい。

31 あらゆる

1　この店にはあらゆる商品が売られている。
2　これこそ、あらゆる親ばかというものだ。
3　情報が正しいかあらゆる確かめた。
4　このかばんはあらゆる本物らしく見える。

32 受ける

1　少年は青いスポーツシューズを受けた。
2　私は彼に冗談を受けた。
3　昨日国語の試験を受けた。
4　私は真剣に先生の話を受けた。

33 立ち止まる

1　工場からたくさんの人が立ち止まった。
2　後ろから名前を呼ばれて立ち止まった。
3　私はたくさんの失敗を立ち止まった。
4　授業が終わったので席から立ち止まった。

34 腕

1 彼女は腕が立って急に家に帰ってしまった。

2 階段の腕をつかんで上った。

3 男の子よりも女の子の方が腕が強い。

4 料理の腕には自信がある。

35 決して

1 明日の試験は決して100点をとってやる。

2 試合に負けてしまい決して悔しい。

3 友達と話しているうちに外は決して暗くなった。

4 あなたの意見は決して間違ってはいない。

모의고사

제2회

問題1 ＿＿＿＿＿のことばの読み方として最もよいものを、1・2・3・4から
一つえらびなさい。

1 誕生日に父から時計をもらった。

1 どけい　　　　2 とけい　　　　　3 どっけい　　　　4 とっけい

2 先生の言っていることが全然分からなかった。

1 ぜんぜん　　　2 せんぜん　　　　3 ぜんせん　　　　4 せんせん

3 箱の表面に名前を書いた。

1 ひょめん　　　2 びょめん　　　　3 びょうめん　　　4 ひょうめん

4 道で困っていたとき親切な人が助けてくれた。

1 すわって　　　2 はしって　　　　3 おどって　　　　4 こまって

5 父がお土産を買って家に帰ってきた。

1 どさん　　　　2 みやげ　　　　　3 みさん　　　　　4 どやげ

6 母の行方が分からなくなった。

1 ゆほう　　　　2 いほう　　　　　3 いくえ　　　　　4 ゆくえ

7 この国は世界中で最も人口が多い。

1 ちっとも　　　2 おっとも　　　　3 もっとも　　　　4 すっとも

8 この映画は名作と言われている。

1 みょうさく　　2 みょうさっく　　3 めいさっく　　　4 めいさく

問題2 ＿＿＿＿のことばを漢字で書くとき、最もよいものを１・２・３・４から
　　　　一つえらびなさい。

9　これからみらいはどうなっていくだろう。

　　1 末来　　　　　2 未来　　　　　3 未乗　　　　　4 末乗

10　国語のテストでまんてんをとった。

　　1 満点　　　　　2 溝点　　　　　3 満卓　　　　　4 溝卓

11　足をまげて座った。

　　1 回げて　　　　2 西げて　　　　3 曲げて　　　　4 由げて

12　先生が家庭ほうもんに来た。

　　1 肪問　　　　　2 訪間　　　　　3 肪間　　　　　4 訪問

13　私の弟は50メートルを6びょうで走る。

　　1 炒　　　　　　2 紗　　　　　　3 沙　　　　　　4 秒

14　くだものの中でいちばん好きなものはりんごだ。

　　1 杲物　　　　　2 果豹　　　　　3 杲豹　　　　　4 果物

問題3（　　　）に入れるのに最もよいものを、1・2・3・4から一つえらび
なさい。

15 友だちの誕生日（たんじょうび）に何をあげるか（　　　）考えた。

1 あちこち　　　2 あちらこちら　　　3 あれこれ　　　　4 どこそこ

16 今ここには何もありませんが、これからこの部屋にテーブルがあると
（　　　）して話します。

1 仮定　　　　2 区別　　　　3 肯定　　　　4 予測（よそく）

17 父の病気は（　　　）に治（なお）ってきている。

1 順順　　　　2 順序（じゅんじょ）　　　3 順番　　　　4 順調（じゅんちょう）

18 私が不幸になったのは全部あなたの（　　　）です。

1 よみ　　　　2 せい　　　　3 ふり　　　　4 ため

19 妹が雑誌（ざっし）の（　　　）に選（えら）ばれた。

1 モデル　　　　2 コーチ　　　　3 クラブ　　　　4 シリーズ

20 朝からポストの前で合格の（　　　）を待っている。

1 香り　　　　2 祝い　　　　3 広さ　　　　4 知らせ

21 宝くじが当たるなんて（　　　）夢のような話だ。

1 さすが　　　　2 まるで　　　　3 すこしも　　　　4 じつは

22 家の庭に咲いている花が元気に（　　　）いる。

1 通って　　　　2 上って　　　　3 似合って　　　　4 育って

23 この乗り物には8歳（　　　）の子供は乗れません。

1 未満　　　　2 等　　　　3 末　　　　4 出身

24 道で（　　　）足から血が出た。

1 切れて　　　　2 泣いて　　　　3 写って　　　　4 転んで

25 彼は私のすることに（　　　）口を出してくる。

1 いらいら　　　　2 まあまあ　　　　3 いちいち　　　　4 ぴかぴか

問題4 ＿＿＿＿に意味が最も近いものを、1・2・3・4から一つえらび
なさい。

26 かわいい靴を見つけたのだが、価格がとても高くて買えなかった。

1 定価　　　　　2 支出　　　　　3 値段　　　　　4 賞金

27 僕はいつも君の幸せを祈っているよ。

1 幸福　　　　　2 自信　　　　　3 最高　　　　　4 賛成

28 君はこの会社で長年働いただけあってさすが仕事を終えるのが早いね。

1 もし　　　　　2 こんなに　　　3 やはり　　　　4 かなり

29 彼女は留学から帰ってきてさらに明るくなった。

1 あんなに　　　2 まもなく　　　3 まるで　　　　4 もっと

30 学校の運動会に参加した。

1 指した　　　　2 加わった　　　3 支えた　　　　4 結んだ

問題5　つぎのことばの使い方として最もよいものを、一つえらびなさい。

31 暗記

1 明日、国語のテストがあるので、テストに出そうな漢字を暗記しなければ
ならない。
2 スピードを出しすぎて警察に暗記した。
3 友だちとの約束に30分も暗記してしまった。
4 難しいといわれていた研究に暗記した。

32 口実

1 彼女はいつも人に明るい口実を与えます。
2 病気を口実にパーティーを欠席した。
3 マラソンを始めようと思ったら、力の口実を身につけることが大事だ。
4 私の口実を友達に伝えることができた。

33 うっかり

1 母がうっかり子供のように泣き出した。
2 天気が朝よりうっかり悪くなった。
3 妹が何も言わず外国に行ってしまいうっかり驚いた。
4 うっかりテレビをつけたまま寝てしまった。

[34] いらいら

1 彼はさっきからいらいらと動いています。

2 ひどい寒さで手がいらいらになってしまった。

3 社長に1時間待たされたからといっていらいらしないでください。

4 この赤ちゃんはとてもいらいらしていてかわいい。

[35] コーチ

1 この人は私のテニスのコーチだ。

2 姉がいらないと言って私にコーチをくれた。

3 弟がサッカーの試合でコーチを二回も決めた。

4 これはこのおもちゃのコーチです。

모의고사

제3회

問題1　______のことばの読み方として最もよいものを、1・2・3・4から
　　　　一つえらびなさい。

1 部長が指示する通りに動いた。

1 しじ　　　　　2 しし　　　　　3 じし　　　　　4 じじ

2 先生が変わり宿題が更に多くなった。

1 ざらに　　　　2 はらに　　　　3 さらに　　　　4 ばらに

3 ここでは家の売買についての相談を受け付けています。

1 ぶいぶい　　　2 だいだい　　　3 ばいばい　　　4 ぐいぐい

4 僕は三人兄弟の末っ子だ。

1 まつっこ　　　2 みっこ　　　　3 すえっこ　　　4 めいっこ

5 夏休みに弱点科目を一生懸命勉強しようと思っている。

1 やくでん　　　2 じゃくでん　　3 やくてん　　　4 じゃくてん

6 料理の上手な夫は将来レストランを開きたいと言っている。

1 じょうず　　　2 うわて　　　　3 かみず　　　　4 のぼて

7 子供たちも何時か親の大変さが分かるだろう。

1 なにか　　　　2 いつか　　　　3 どこか　　　　4 なぜか

8 テニスの試合で1位になり賞金をもらった。

1 かんきん　　　2 ねんきん　　　3 ざんきん　　　4 しょうきん

問題2 ＿＿＿＿のことばを漢字で書くとき、最もよいものを１・２・３・４から
　　　　一つえらびなさい。

⑨　怪我をしてしまい、しばらく外へ出られないので、じたくでもできる仕事を
　　探すことにした。

　　1 白宅　　　　　　2 自宅　　　　　　3 白宇　　　　　　4 自宇

⑩　留学に成功したじつれいを紹介したいと思います。

　　1 笑例　　　　　　2 笑側　　　　　　3 実例　　　　　　4 実側

⑪　お酒はせいじんになってから飲むようにしましょう。

　　1 戊人　　　　　　2 成入　　　　　　3 戊入　　　　　　4 成人

⑫　山の中はでんぱがよく届かない。

　　1 電波　　　　　　2 電彼　　　　　　3 電疲　　　　　　4 電披

⑬　あなたにこんなひどいことをしてしまって、ゆるしてもらおうなんて思って
　　いません。

　　1 訏して　　　　　2 訂して　　　　　3 計して　　　　　4 許して

⑭　モデルをめざす人が最近増えてきている。

　　1 目招す　　　　　2 目指す　　　　　3 貝指す　　　　　4 貝招す

問題3（　　　）に入れるのに最もよいものを、1・2・3・4から一つえらび
なさい。

15 歯が痛いので歯医者に行くと（　　　）だと言われた。

1 前歯　　　　　2 入れ歯　　　　　3 虫歯　　　　　4 銀歯

16 このコートを買うには（　　　）5万円必要だ。

1 そのほか　　　2 また　　　　　3 じつに　　　　4 あと

17 レポートはあさってまでに出せばいいのだが、確認したいことがある
ので（　　　）今日中に終わらせたい。

1 ところで　　　2 なんでも　　　3 どんなに　　　4 できれば

18 ガラスの（　　　）を踏んでしまい足を怪我してしまった。

1 破片　　　　　2 木材　　　　　3 見本　　　　　4 楽器

19 明日は台風のせいで全国（　　　）で雨が降るでしょう。

1 土地　　　　　2 各地　　　　　3 地面　　　　　4 各自

20 （　　　）結婚する必要はないと考える人が去年よりも増えた。

1 必ずしも　　　2 かなり　　　　3 こんなに　　　4 決まって

21 子供を自転車の後ろに（　　　）スーパーまで買い物に行った。

1 乗せて　　　　2 当てて　　　　3 着せて　　　　4 移して

22 父と母の初めての（　　　）場所は公園だったらしい。

1 ノック　　　　2 プラス　　　　3 デート　　　　4 コース

23 これは（　　　）の水で作った豆腐です。

1 地下　　　　2 天然　　　　3 四季　　　　4 気体

24 猿が木に（　　　）バナナを食べていた。

1 結んで　　　　2 切れて　　　　3 飛び出して　　　　4 登って

25 友達との約束に遅れたので怒らせないような（　　　）を考えなければならない。

1 口実　　　　2 果実　　　　3 事実　　　　4 現実

問題4 ＿＿＿＿に意味が最も近いものを、1・2・3・4から一つえらび
なさい。

26 先月から<u>ダンス</u>を習い始めた。

　1 歌　　　　　　2 運動　　　　　　3 料理　　　　　4 踊り

27 私は自分の将来について<u>そんなに</u>考えたことがない。

　1 ぜんぜん　　2 とても　　　　3 しばらく　　　4 あんまり

28 電車が遅れて会議の時間に間に合わず、会議を<u>休まなければ</u>ならなくな
った。

　1 観念しなければ　　　　　　　　2 欠席しなければ
　3 失望しなければ　　　　　　　　4 終了しなければ

29　母に頼まれていたトイレの掃除がやっと<u>終わった</u>。

　1 完了した　　　2 完成した　　　3 決定した　　　4 成功した

30 初めて作った料理をみんながおいしいと言って食べてくれたので<u>かなり</u>
嬉しかった。

　1 何となく　　　2 それでも　　　3 別に　　　　　4 相当

問題5　つぎのことばの使い方として最もよいものを、一つえらびなさい。

31 刺身（さしみ）

1　道に転んでひざに刺身ができた。
2　父が刺身を食べたいというので母とスーパーに買いに行った。
3　料理は刺身が大切だとテレビでレストランのシェフが言っていた。
4　彼にはなぜか自分の刺身を見せることができる。

32 さすがに

1　5時間歩き続（つづ）けるのは運動好きの私でもさすがに辛かった。
2　思っていた通り、彼はさすがに約束場所に来なかった。
3　彼女がお弁当（べんとう）を作ってきてくれたのでお腹（なか）はすいていなかったが、さすがに
　　全部食べた。
4　くれると言ってたＣＤをさすがに返（かえ）せと言われても困るよ。

33 ハンサム

1　父は若（わか）い頃（ころ）とてもハンサムだったと母が言っていた。
2　僕（ぼく）はハンサムな料理を作って両親をびっくりさせた。
3　私の姉は去年ハンサムのアナウンサーになった。
4　彼はこの前まで同じハンサムのメンバーだった。

34　中年

1　私は近所の<u>中年</u>を卒業した。

2　この乗り物には５歳以下の<u>中年</u>は乗ることができません。

3　日本では二十歳を過ぎた人が<u>中年</u>と呼ばれる。

4　<u>中年</u>になると肉料理より魚料理を食べたくなるとテレビで言っていた。

35　点々と

1　私はたくさん練習（れんしゅう）したのだが、ピアノの発表会で<u>点々と</u>間違（まちが）えてしまった。

2　よく見てください。この赤く<u>点々と</u>見えるのが桜（さくら）の花です。

3　デパートの５階（かい）では今、<u>点々と</u>おいしい物を買うことができます。

4　私は今の生活を<u>点々と</u>楽しんでいる。

N3

정답

명사

확인문제-1

問題 1

1. 4 2. 1 3. 2 4. 1 5. 2
6. 3 7. 1 8. 4

問題 2

1. 2 2. 4 3. 1 4. 3 5. 2
6. 2 7. 3 8. 4

問題 3

1. 1 2. 3 3. 3 4. 2 5. 4
6. 1 7. 2 8. 2

問題 4

1. 4 2. 2 3. 1 4. 3 5. 2
6. 3 7. 1 8. 4

問題 5

1. 3 2. 2 3. 1

확인문제-2

問題 1

1. 3 2. 4 3. 4 4. 2 5. 1
6. 3 7. 2 8. 4

問題 2

1. 1 2. 3 3. 4 4. 2 5. 3
6. 4 7. 2 8. 2

問題 3

1. 4 2. 2 3. 4 4. 3 5. 3
6. 1 7. 2 8. 2

問題 4

1. 3 2. 3 3. 1 4. 4 5. 2
6. 4 7. 1 8. 2

問題 5

1. 3 2. 3 3. 4

확인문제-3

問題 1

1. 3 2. 1 3. 2 4. 1 5. 4
6. 1 7. 2 8. 3

問題 2

1. 1 2. 4 3. 2 4. 3 5. 2
6. 1 7. 4 8. 2

問題 3

1. 3 2. 2 3. 4 4. 4 5. 1
6. 3 7. 2 8. 1

問題 4

1. 4 2. 3 3. 1 4. 2 5. 2
6. 3 7. 1 8. 3

問題 5

1. 1 2. 4 3. 3

확인문제-4

問題 1

1. 4 2. 1 3. 3 4. 2 5. 1
6. 3 7. 2 8. 3

問題 2

1. 3 2. 1 3. 4 4. 1 5. 1
6. 3 7. 2 8. 2

問題 3

1. 1 2. 4 3. 2 4. 1 5. 3
6. 3 7. 2 8. 1

問題 4

1. 1 2. 2 3. 4 4. 2 5. 1
6. 3 7. 4 8. 4

問題 5

1. 4 2. 3 3. 2

확인문제-5

問題 1
1. 4   2. 2   3. 2   4. 3   5. 1
6. 4   7. 1   8. 4

問題 2
1. 4   2. 3   3. 3   4. 2   5. 1
6. 2   7. 4   8. 1

問題 3
1. 3   2. 4   3. 1   4. 2   5. 1
6. 4   7. 3   8. 4

問題 4
1. 2   2. 3   3. 4   4. 3   5. 1
6. 1   7. 4   8. 2

問題 5
1. 4   2. 1   3. 4

확인문제-6

問題 1
1. 3   2. 2   3. 4   4. 1   5. 2
6. 3   7. 1   8. 4

問題 2
1. 1   2. 3   3. 2   4. 2   5. 4
6. 3   7. 1   8. 1

問題 3
1. 2   2. 1   3. 1   4. 3   5. 4
6. 3   7. 2   8. 3

問題 4
1. 1   2. 4   3. 2   4. 3   5. 4
6. 2   7. 3   8. 3

問題 5
1. 2   2. 4   3. 2

い형용사

확인문제-1

問題 1
1. 3   2. 3   3. 1   4. 4   5. 2
6. 3   7. 1   8. 2

問題 2
1. 1   2. 4   3. 2   4. 3   5. 1
6. 1   7. 4   8. 2

問題 3
1. 4   2. 2   3. 1   4. 1   5. 2
6. 4   7. 3   8. 4

問題 4
1. 2   2. 4   3. 1   4. 2   5. 4
6. 3   7. 2   8. 3

問題 5
1. 1   2. 3   3. 2

확인문제-2

問題 1
1. 1   2. 3   3. 2   4. 1   5. 2
6. 4   7. 3   8. 4

問題 2
1. 2   2. 2   3. 1   4. 4   5. 1
6. 2   7. 4   8. 3

問題 3
1. 4   2. 3   3. 1   4. 4   5. 2
6. 1   7. 3   8. 2

問題 4
1. 3   2. 2   3. 4   4. 1   5. 2
6. 4   7. 3   8. 1

問題 5
1. 2   2. 1   3. 4

な형용사

확인문제-1

問題 1
1. 2　　2. 4　　3. 3　　4. 3　　5. 1
6. 4　　7. 1　　8. 3

問題 2
1. 1　　2. 4　　3. 3　　4. 2　　5. 2
6. 2　　7. 4　　8. 1

問題 3
1. 3　　2. 2　　3. 4　　4. 4　　5. 2
6. 2　　7. 3　　8. 3

問題 4
1. 2　　2. 3　　3. 4　　4. 1　　5. 2
6. 3　　7. 4　　8. 3

問題 5
1. 2　　2. 3　　3. 4

확인문제-2

問題 1
1. 4　　2. 2　　3. 3　　4. 4　　5. 2
6. 2　　7. 3　　8. 4

問題 2
1. 3　　2. 4　　3. 2　　4. 3　　5. 1
6. 2　　7. 4　　8. 1

問題 3
1. 4　　2. 1　　3. 1　　4. 2　　5. 2
6. 4　　7. 3　　8. 1

問題 4
1. 1　　2. 2　　3. 2　　4. 3　　5. 4
6. 1　　7. 4　　8. 2

問題 5
1. 2　　2. 4　　3. 1

동사

확인문제-1

問題 1
1. 2　　2. 4　　3. 1　　4. 2　　5. 3
6. 3　　7. 1　　8. 3

問題 2
1. 1　　2. 4　　3. 4　　4. 3　　5. 1
6. 2　　7. 3　　8. 1

問題 3
1. 2　　2. 1　　3. 1　　4. 4　　5. 3
6. 4　　7. 2　　8. 2

問題 4
1. 2　　2. 4　　3. 4　　4. 1　　5. 2
6. 2　　7. 3　　8. 1

問題 5
1. 4　　2. 2　　3. 2

확인문제-2

問題 1
1. 3　　2. 4　　3. 1　　4. 2　　5. 2
6. 4　　7. 2　　8. 4

問題 2
1. 1　　2. 3　　3. 2　　4. 3　　5. 4
6. 1　　7. 2　　8. 3

問題 3
1. 3　　2. 1　　3. 4　　4. 2　　5. 3
6. 1　　7. 4　　8. 4

問題 4
1. 3　　2. 2　　3. 1　　4. 2　　5. 1
6. 3　　7. 1　　8. 4

問題 5
1. 3　　2. 4　　3. 2

확인문제-1

問題 1
1. 2   2. 3   3. 1   4. 4   5. 4
6. 2   7. 1   8. 2

問題 2
1. 2   2. 4   3. 3   4. 1   5. 1
6. 2   7. 4   8. 1

問題 3
1. 4   2. 4   3. 2   4. 1   5. 3
6. 2   7. 2   8. 4

問題 4
1. 2   2. 3   3. 4   4. 1   5. 2
6. 3   7. 4   8. 3

問題 5
1. 2   2. 2   3. 3

확인문제-2

問題 1
1. 4   2. 2   3. 2   4. 1   5. 3
6. 2   7. 1   8. 3

問題 2
1. 4   2. 2   3. 3   4. 3   5. 1
6. 3   7. 2   8. 2

問題 3
1. 3   2. 4   3. 1   4. 3   5. 4
6. 2   7. 3   8. 4

問題 4
1. 2   2. 4   3. 3   4. 2   5. 1
6. 3   7. 1   8. 4

問題 5
1. 3   2. 1   3. 2

부사

확인문제

問題 1
1. 3   2. 2   3. 4   4. 2   5. 1
6. 4   7. 3   8. 3

問題 2
1. 1   2. 3   3. 1   4. 2   5. 4
6. 2   7. 3   8. 3

問題 3
1. 4   2. 1   3. 2   4. 2   5. 3
6. 1   7. 3   8. 4

問題 4
1. 3   2. 4   3. 1   4. 2   5. 1
6. 3   7. 3   8. 3

問題 5
1. 3   2. 1   3. 3

가타카나

확인문제

問題 3
1. 1   2. 4   3. 2   4. 3   5. 2
6. 3   7. 2   8. 4

問題 4
1. 4   2. 2   3. 1   4. 1   5. 4
6. 3   7. 2   8. 4

問題 5
1. 2   2. 1   3. 4

확인문제-1

問題 1

1. 2   2. 3   3. 1   4. 4   5. 2
6. 1   7. 4   8. 2

問題 2

1. 1   2. 2   3. 3   4. 2   5. 1
6. 2   7. 1   8. 3

問題 3

1. 2   2. 1   3. 1   4. 2   5. 2
6. 1   7. 4   8. 3

問題 4

1. 1   2. 2   3. 1   4. 4   5. 1
6. 1   7. 1   8. 2

問題 5

1. 3   2. 2   3. 4

확인문제-2

問題 1

1. 2   2. 2   3. 1   4. 3   5. 1
6. 3   7. 1   8. 1

問題 2

1. 3   2. 1   3. 4   4. 2   5. 1
6. 3   7. 2   8. 4

問題 3

1. 3   2. 4   3. 1   4. 2   5. 4
6. 3   7. 2   8. 4

問題 4

1. 1   2. 3   3. 4   4. 1   5. 4
6. 1   7. 2   8. 1

問題 5

1. 2   2. 1   3. 4

問題 1

1. 2   2. 1   3. 4   4. 1   5. 3
6. 3   7. 1   8. 4

問題 2

9. 1   10. 2   11. 4   12. 2   13. 2
14. 3

問題 3

15. 3   16. 4   17. 2   18. 4   19. 3
20. 1   21. 1   22. 2   23. 3   24. 2
25. 1

問題 4

26. 1   27. 4   28. 2   29. 1   30. 1

問題 5

31. 1   32. 3   33. 2   34. 4   35. 4

問題 1

1. 2   2. 1   3. 4   4. 4   5. 2
6. 4   7. 3   8. 4

問題 2

9. 2   10. 1   11. 3   12. 4   13. 4
14. 4

問題 3

15. 3   16. 1   17. 4   18. 2   19. 1
20. 4   21. 2   22. 4   23. 1   24. 4
25. 3

問題 4

26. 3   27. 1   28. 3   29. 4   30. 2

問題 5

31. 1   32. 2   33. 4   34. 3   35. 1

問題 1

1. 1   2. 3   3. 3   4. 3   5. 4
6. 1   7. 2   8. 4

問題 2

9. 2   10. 3   11. 4   12. 1   13. 4
14. 2

問題 3

15. 3   16. 4   17. 4   18. 1   19. 2
20. 1   21. 1   22. 3   23. 2   24. 4
25. 1

問題 4

26. 4   27. 4   28. 2   29. 1   30. 4

問題 5

31. 2   32. 1   33. 1   34. 4   35. 2

해답 용지

言語知識

（文字・語彙）

N3 げんごちしき（もじ・ごい）かいとうようし

<table>
<tr><td>受　験　番　号
Examinee Registration
Number</td><td></td></tr>
</table>

<table>
<tr><td>名　前
Name</td><td></td></tr>
</table>

問　題　1

1	①	②	③	④
2	①	②	③	④
3	①	②	③	④
4	①	②	③	④
5	①	②	③	④
6	①	②	③	④
7	①	②	③	④
8	①	②	③	④

問　題　2

9	①	②	③	④
10	①	②	③	④
11	①	②	③	④
12	①	②	③	④
13	①	②	③	④
14	①	②	③	④

問　題　3

15	①	②	③	④
16	①	②	③	④
17	①	②	③	④
18	①	②	③	④
19	①	②	③	④
20	①	②	③	④
21	①	②	③	④
22	①	②	③	④
23	①	②	③	④
24	①	②	③	④
25	①	②	③	④

問　題　4

26	①	②	③	④
27	①	②	③	④
28	①	②	③	④
29	①	②	③	④
30	①	②	③	④

問　題　5

31	①	②	③	④
32	①	②	③	④
33	①	②	③	④
34	①	②	③	④
35	①	②	③	④

N3 げんごちしき (もじ・ごい) かいとうようし

<table>
<tr><td>受 験 番 号
Examinee Registration Number</td><td></td><td>名 前
Name</td><td></td></tr>
</table>

< ちゅうい Notes >

1. くろいえんぴつ (HB、No.2) で かいてください。
   Use a black medium soft (HB or No.2) pencil.

2. かきなおすときは、けしゴムで きれいにけしてください。
   Erase any unintended marks completely.

3. きたなくしたり、おったりしないで ください。
   Do not soil or bend this sheet.

4. マークれい Marking examples

よい Correct	わるい Incorrect
●	⊘ ⊙ ◎ ◑ ⊖ ◐ ◯

問 題 1

1	①	②	③	④
2	①	②	③	④
3	①	②	③	④
4	①	②	③	④
5	①	②	③	④
6	①	②	③	④
7	①	②	③	④
8	①	②	③	④

問 題 2

9	①	②	③	④
10	①	②	③	④
11	①	②	③	④
12	①	②	③	④
13	①	②	③	④
14	①	②	③	④

問 題 3

15	①	②	③	④
16	①	②	③	④
17	①	②	③	④
18	①	②	③	④
19	①	②	③	④
20	①	②	③	④
21	①	②	③	④
22	①	②	③	④
23	①	②	③	④
24	①	②	③	④
25	①	②	③	④

問 題 4

26	①	②	③	④
27	①	②	③	④
28	①	②	③	④
29	①	②	③	④
30	①	②	③	④

問 題 5

31	①	②	③	④
32	①	②	③	④
33	①	②	③	④
34	①	②	③	④
35	①	②	③	④

N3 げんごちしき(もじ・ごい) かいとうようし

受験番号
Examinee Registration Number

名前
Name

問題 1

1	①	②	③	④
2	①	②	③	④
3	①	②	③	④
4	①	②	③	④
5	①	②	③	④
6	①	②	③	④
7	①	②	③	④
8	①	②	③	④

問題 2

9	①	②	③	④
10	①	②	③	④
11	①	②	③	④
12	①	②	③	④
13	①	②	③	④
14	①	②	③	④

問題 3

15	①	②	③	④
16	①	②	③	④
17	①	②	③	④
18	①	②	③	④
19	①	②	③	④
20	①	②	③	④
21	①	②	③	④
22	①	②	③	④
23	①	②	③	④
24	①	②	③	④
25	①	②	③	④

問題 4

26	①	②	③	④
27	①	②	③	④
28	①	②	③	④
29	①	②	③	④
30	①	②	③	④

問題 5

31	①	②	③	④
32	①	②	③	④
33	①	②	③	④
34	①	②	③	④
35	①	②	③	④

저자 약력

▶ 이종권

현) 이종권일본어학원 원장

일본문부성 국비장학생

1991년 이후 일본어 교육에 종사

국내 최초 일본유학시험(EJU)반 개설 운영 중

현재 NEW(신)일본어능력시험반과 일본유학시험반 강의 중

전) 시사일본어학원 교수부장 및 본부장

현) 이종권 일본어학원 원장 겸 시험대비 강사

▶ 저서

일본어능력시험 혼자서도 자신 있게 1급 한번에 합격하기

일본어능력시험 혼자서도 자신 있게 2급 한번에 합격하기

일본어능력시험 혼자서도 자신 있게 3급 한번에 합격하기

그 외 다수

▶ 연구원

上阪桃子 / 木下真理子 / 右田明子 / 안혜원

NEW 일본어능력시험 답다! N3 언어지식

저자 이종권
초판 1쇄 발행 2010년 10월 11일
초판 2쇄 발행 2013년 3월 11일

발행인 박효상
편집 강성실, 박운희
디자인 손정수
마케팅 이종선, 이태호, 이전희

만든사람들
책임편집 김진아
본문 표지 디자인 홍수미

발행처 사람in
출판등록 제 10-1835호
주소 121-839 서울 마포구 서교동 378-16 4F
전화 02.338.3555 팩스 02.338.3545
e-mail saramin@netsgo.com homepage www.saramin.com

※책값은 뒤표지에 있습니다.
※파본은 구입하신 곳에서 바꾸어 드립니다.
ⓒ 이종권 2010

978-89-6049-182-3